Traumreisen

In der Literatur spielen Träume eine zentrale Rolle. Die Dichter lehren uns, Träume als Freiräume der Phantasie zu sehen. Sie haben eine ganz eigene Kompetenz des Traumverstehens und regen zu einem aktiven Tagtraumleben an. Friedrich Hebbel sagte: »In den Dichtern träumt die Menschheit«. Diese Traumschule vereint namhafte Autoren von Novalis und Heinrich Heine bis Kurt Tucholsky und Eckhard Henscheid.
Eine kleine literarische Schule des Träumens – Hier werden Träume wahr!

Die Herausgeberinnen:
Christine Schmidjell, Literaturwissenschaftlerin.
Evelyne Polt-Heinzl, Mitarbeiterin der Dokumentationsstelle für neuere österreichische Literatur in Wien.

Traumreisen

Gedichte, Erzählungen, Betrachtungen

Herausgegeben von
Evelyne Polt-Heinzl
und Christine Schmidjell

RECLAM
LEIPZIG

Besuchen Sie uns im Internet:
www.reclam.de

Reclam Bibliothek Leipzig, Band 20104
1. Auflage, 2004
Reihengestaltung: Gabriele Burde | Kurt Blank-Markard
Umschlaggestaltung: Gabriele Burde
Gesetzt aus ITC Slimbach
Satz: Reclam Verlag Leipzig
Druck und Bindung: Reclam, Ditzingen
Printed in Germany
ISBN 3-379-20104-9

Inhalt

Glücksträume

Träumen von damals

Angstträume

Werden Träume wahr? – Traum und Deutung

Zum Geleit

Vorwort

Die Traumschule der Dichtung

Wir gehen durch eine fremde Stadt, von der ich mit traumhafter Sicherheit weiß, dass sie sich in einem sehr fernen Land befindet. Über den Häusern und Straßen liegt ein leicht verfallenes Flair, und die Menschen, die uns begegnen, wirken in Kleidung und Gehaben wie aus verschiedenen Jahrhunderten zusammengewürfelt. Ein älterer Mann fällt mir besonders ins Auge. Etwas, ja man kann nur sagen, Erhabenes umgibt ihn. Er hat langes, nach hinten gekämmtes Haar über einer auffallend hohen Stirn, Vollbart, helle Augen, einen in sich gekehrten und zugleich munter-listigen Blick. Nachdenklich betrachte ich ihn und mit einem Mal weiß ich mit absoluter Gewissheit: ecce poeta. Ein unbeschreibliches Glücksgefühl ist mit diesem Gedanken verbunden und hielt mich nach dem Erwachen noch eine ganze Zeit lang gefangen.

Ich hätte den Traum wohl trotzdem rasch wieder vergessen, doch wenige Tage später fand ich, absichtslos in einem Lexikon blätternd, das Bild eines Mannes, in dem ich sofort meinen nächtigen Dichter wiedererkannte. Er war Friedrich Hebbel, mit dem mich eigentlich nicht allzuviel verbindet. Das verstörte mich einigermaßen. Wieso hatte mein Traum nicht eine Begegnung mit einem meiner Lieblingsdichter arrangiert? Erst als ich, wiederum einige Tage später, auf ein Zitat stieß und darunter Friedrich Hebbel las, begann ich zu begreifen. Das Zitat lautete:

»In den Dichtern träumt die Menschheit.«

Ein Traumauftrag also für ein Traumbuch, ein literarisches naturgemäß. Das verwirrende Setting dieser nächtlichen Auftragsvergabe passt gut zum Thema, denn Vexierspiele gehören zum Traum. Und wo könnte man, alle psychologischen und physiologischen Erkenntnisse der letzten hundert Jahre eingerechnet, kundiger und bunter Auskunft über das Träumen bekommen als in der Literatur? Es lohnt sich, bei den Dichtern anzufragen, wo die verworrenen Räume unserer Traumwelt wirklich zu finden sind. Nur hier erfahren wir von den kleinen verstaubten Läden, wo es Träume zu kaufen gibt, von fernen Traumreichen, geheimnisvollen Labors und sonstigen Traumbehelfen. Dass es dabei nicht immer eindeutig zugeht, liegt in der Natur der Sache. Das Zwischenreich der Traumwelt ist nicht einfach zu orten und leicht verwischen sich Grenzen hier zur Unkenntlichkeit. Das stiftet Verwirrung, kann aber auch zur Klärung über zentrale Fragen des Lebens beitragen. In jedem Fall enthält das Schwebende und Uneindeutige der literarischen Traum-Bilder die Lehre, dass Eindeutigkeit oft auf sehr wackeligen Beinen steht und mehr der Bequemlichkeit entspringt und dient.

Die Kunst des Träumens ist eine besondere Gabe. Für den wachen Beobachter hat der Träumer eine geheimnisvolle Aura. Er ist Symbol für die unzerstörbare Individualität des Menschen wie für seine schmerzliche Vereinzelung. Was der Träumer in seiner nur ihm angehörenden Traumwelt erlebt, bleibt sein Geheimnis, in den Traum kann ihm nur der Dichter folgen. Von außen betrachtet kann ein Lächeln, ein Seufzer, ein Stöhnen oder gar ein Schrei allenfalls über die prinzipielle Qualität des Traumerlebens Auskunft geben: Glücksträume, in denen der Schlafende endlich das erreicht, was er sich immer schon gewünscht hat; Träume, die in die Kindertage zurückführen; das können auch Alpträume sein, die oft von besonders hartnäckiger Anhänglichkeit sind und uns ein Leben lang begleiten.

Träume sind flüchtig, oft verlieren und verwischen sich Trauminhalte schon im aufwachenden Erkennen »Ich habe geträumt«. Und sie sind verworren, schwer zugänglich und – trotz der scheinbar entschlüsselten Grundgrammatik des Traumlebens – schwer erklärbar. Immer stellt sich dabei die

Frage nach der möglichen Wirkungskraft von Träumen in jene andere Welt, die wir Realität nennen. Es ist ein schöner Wunschtraum der Menschheit, dass Träume, richtig interpretiert, die Zukunft vorhersehbar machen, oder dass die schönen unter ihnen wahr werden könnten. In der Romantik war es noch denkmöglich, dass Liebende ihr Liebesglück träumend vorwegnehmen und dann geduldig auf die Erfüllung vertrauen.

Träume gehören uns an und bleiben uns doch irgendwie verborgen, unserem Bewusstsein enthoben. Damit können Menschen auf die Dauer nicht gut leben. Auch den Traum gilt es in den Griff zu bekommen, der wachen Logik einzugliedern, ihn zu domestizieren. Dazu kann die Kompetenzzuweisung an nächtige Geister und Dämonen ebenso dienen wie der Versuch, das Alphabet der Träume zu entschlüsseln. Die Traumdeutung ist ein Gewerbe mit langen Traditionen. In vielen Mythen der Menschheitsgeschichte spielen gedeutete - auch missdeutete - Träume eine zentrale Rolle. Traumdeuter waren zu allen Zeiten bewundert, frequentiert und immer auch beargwöhnt. Daran hat sich auch in der klassischen Traumdeutung unserer Zeit nichts geändert.

Die kundigsten und ernsthaftesten Traumdeuter sind aber vielleicht die poetischen Geister. Sie lehren uns, Träume als Freiräume der Phantasie zu sehen. Bei den Dichtern ist man in Sachen Träumen gut aufgehoben. Sie haben eine ganz eigene Kompetenz des Traumverstehens, regen zu einem aktiven Tagtraumleben an und können uns sogar Schutzgeister auf unsere prosaischen Wege mitgeben.

»Träume sind angekommen, flußaufwärts sind sie gekommen, auf einer Leiter steigen sie die Quaimauer hinauf. Man bleibt stehen, unterhält sich mit ihnen, sie wissen mancherlei, nur, woher sie kommen, wissen sie nicht. Es ist recht lau an diesem Herbstabend. Sie wenden sich dem Fluß zu und heben die Arme. Warum hebt Ihr die Arme, statt uns in sie zu schließen.«

Franz Kafka

Wo die Träume wohnen – mit einem Besuch in der Traumküche

> Zwischen »es träumte mir« und »ich träumte« liegen die Weltalter. Aber was ist wahrer? So wenig die Geister den Traum senden, so wenig ist es das Ich, das träumt.
>
> *Theodor W. Adorno*

Ingeborg Bachmann

Ein Geschäft mit Träumen

Abends verließ ich immer als letzter das Haus; ich hatte die Schlüssel zum Portier zu geben, und wenn ich im Tor stand, ehe ich mich auf den Heimweg machte, blieb mir noch die getane Arbeit zu überdenken – ich mußte mir vorstellen können, ob alle Schriftstücke abgelegt und in den Laden verschlossen waren, und ob die Termine und Verabredungen auch in den Kalendern meiner Vorgesetzten vermerkt standen. Manchmal ging ich beunruhigt zurück und überprüfte noch einmal alles, wofür mir Verantwortung übertragen war.
Immer war ich müde, wenn ich nach Hause ging, müde wie die Straßen, in denen sich Fahrzeuge und Menschen im Staub verloren; ich hörte das letzte Lärmen kaum, kaum den Wind, der sich im Park hob, und die Vögel, die mit hellen Schreien über die Dächer strichen und der Dämmerung bis an die Hügel und Weingärten vor der Stadt entgegenflogen.
Mein Weg führte mich durch die Innere Stadt.
In die Schaufenster traten Schatten und verbargen die Dinge, die darin gehäuft lagen, aber ab und zu flammten schon Neon-

lichter auf und drängten das einbrechende Dunkel gegen die Fassaden. Das bunte Licht floß über die Gehsteige auf die Straße, und von den höchsten Dächern sprachen Lichtreklamen mit den Leuchtschriften der Sterne, die erst blaß aus dem Himmel tauchten und dann glänzend und groß näher kamen.

An einem Sommerabend hielt ich, kaum spürend, daß ich stehenblieb, vor einer Auslage, und noch von weichen Luftzügen zum Weitergehen bestimmt, verharrte ich gedankenlos in einem Schauen, das sich mehr nach innen als nach außen kehrte.

In durchsichtiges Papier verpackt, zeigten sich mir kleine und größere Pakete, unregelmäßig in der Form und mit Schleifen gebunden, die, wie von einem Wind bewegt, hinter der Scheibe zitterten. Ich trat, aufmerksamer geworden, bis an den Rand des Gehsteiges zurück, um nach dem Firmenschild Ausschau zu halten, aber ich konnte keines entdecken; auch der Name des Inhabers fehlte. Neben dem Fenster lehnte, in der offenen Türe, ein Mann, die kalte Pfeife im Mundwinkel und die Arme über der Brust verschränkt. Seine Ärmel und die Aufschläge seines Rockes waren fadenscheinig und abgestoßen von zuviel Licht oder zuviel Dunkelheit. Es mochte der Verkäufer sein, ein Mann, den die Interesselosigkeit der Vorüberlaufenden interesselos an seinem Geschäft gemacht hatte, denn er sah so sehr mit sich selbst beschäftigt aus, als ließe man ihm schon seit langem Zeit dazu.

Ich dachte, daß ich ihn ohne weiteres ersuchen könne, mich eintreten zu lassen und mir einige von den Waren zu zeigen, obwohl mir einfiel, daß ich wenig Geld bei mir hatte – doch selbst, wenn ich mehr davon mit mir getragen hätte, wäre es mir nicht in den Sinn gekommen, etwas zu kaufen; auch wußte ich gar nicht, was es in diesem Laden zu kaufen gab. Zu all dem aber lag es mir überhaupt fern, planlos Besorgungen zu machen, denn ich legte damals sehr gewissenhaft den größten Teil meines Einkommens zur Seite, um im Winter in die Berge fahren zu können – genau genommen nicht einmal, um

in die Berge zu kommen; ich pflegte das nur allen meinen Freunden zu sagen. Ich sparte, weil mir daran lag zu sparen; ich arbeitete, weil mir daran lag zu arbeiten; ich gönnte mir nichts, weil mir daran lag, mir nichts zu gönnen, und ich machte Pläne, weil es mir richtig schien, Pläne zu haben.
Ich zog meinen Hut und trat auf den Verkäufer zu.
»Ihr Schaufenster ist schlecht beleuchtet«, sagte ich vorwurfsvoll. »Ich möchte mir diese Dinge bei besserem Licht ansehen.«
»Was wollen Sie bei besserem Licht sehen?« fragte er mit einer weichen, aber spöttischen Stimme.
Undeutlich beschrieb ich mit der Hand einen von den Gegenständen, die ich durch das Fenster gesehen hatte, und stellte mich, neugierig geworden, neben den Mann auf die Schwelle, um einen Blick in das Innere des Ladens tun zu können.
Altes Gerümpel verstopfte den Raum, der nur schwach erhellt war; hinter dem Pult trennte ein dicht gewebter Vorhang den Laden von den anschließenden Räumen. Die Luft stand gesättigt von Staub und Stille, nur eine dicke Fliege, die sich von der Straße hineinverirrt haben mußte, kreiste summend um die Lampe, die nackt und ängstlich von der Decke baumelte.
Aus einer Wand sprangen Fächer, die voll mit Waren standen – ich konnte sie nicht genau ausnehmen, ich vermutete dies nur, weil hin und wieder die Enden einer Schleife über der Verpakkung aufstanden.
Auf meiner Schulter spürte ich die Hand des Verkäufers, er schob mich tiefer in den Raum und schloß die Türe hinter sich. Dann ging er zum Lichtschalter und legte die Hand darauf. Überrascht und erschreckt folgte ich jeder seiner Bewegungen. Was hatte er mit mir vor? Er konnte mich niederschlagen, mir meine Brieftasche abnehmen ... In meiner Verwirrung vermochte ich nicht, zur Tür zu laufen und mich ins Freie zu retten; ich blieb stumm, und mein Herz schlug rasend gegen meine Kehle.
»Wenn Sie einen Traum sehen wollen, muß ich den Raum verdunkeln«, erklärte er ruhig, drehte am Schalter, ging dann zum

Fenster, durch das noch ein wenig Licht von den Straßenlaternen sickerte, und zog einen Vorhang vor.
Ich regte mich noch immer nicht; ich wollte ihn fragen, was er damit meine – »Wenn Sie einen Traum sehen wollen ...«, aber ehe ich zu dieser Frage ansetzte, offenbarten mir kleine Pakete in der Stellage wunderbare Inhalte, sie leuchteten auf, ihre Farben waren unvergleichlich, die Entfernung zwischen mir und den Fächern war aufgehoben, jedes Rot, jedes Silber stand vor meinen Augen, unfaßbar nah und dicht; Breite, Höhe und Tiefe waren ausgelöscht, mir wurde so warm, daß ich das Gefühl für meine Lage verlor, ich atmete kaum, und mir war, als sei ich in tiefes Wasser geraten, das mich trug und in dem ich schlief, selbst wenn ich die Augen offen hielt.
Mein Bewußtsein kehrte erst zurück, als ich in einem der Träume Anna sah; sie stand auf einem weißen, großen Schiff, ihr Körper war mit glänzenden Schuppen überzogen, und sie streckte die Arme nach mir aus. Über ihren Locken, die ein Wind hob und steil aufrichtete, kreiste ein schwarzer Vogel; ich fürchtete, er könne sie verletzen oder sie niederreißen, ich hielt mir die Hände vors Gesicht und suchte mir schnell einen anderen Traum. Goldene Bälle trafen, von niemandem geworfen, auf dem Boden auf und schnellten dann ein Stück zur Höhe, fielen herab und stiegen von neuem auf; es war ein wunderschönes Spiel, das ich gerne mitgespielt hätte. Dennoch wandte ich mich wieder zu Anna hin. Mir fiel ein, daß ich sie lange nicht mehr gesehen hatte, und ich dachte darüber nach, was sie wohl auf dem Schiff sollte, – – – denn sie wohnte, wie ich, in der Stadt, und wenn wir einander schon lange nicht mehr begegneten, war es nicht meine Schuld. Sie hatte es so gewollt – und nun streckte sie plötzlich die Arme nach mir aus und wünschte vielleicht, daß ich sie vor dem großen schwarzen Vogel bewahre.
Beklommen wandte ich mich um.
»Diesen Traum möchte ich nehmen«, sagte ich, »und diesen vielleicht auch. Drehen Sie das Licht wieder an!«
Im elektrischen Licht verblichen die Pakete, unscheinbar und

staubig standen sie in den Regalen. Meine Augen brannten, ich fuhr mit der Hand über meine feuchte Stirne und trat an das Pult. Der Verkäufer nahm einen Bleistift aus der Lade und zog den Kassablock. Ehe er jedoch zum Schreiben ansetzte, fiel ich ihm in die Hand, fürchtend, daß ich nicht bezahlen könnte, was er verlangte.

»Ich kaufe nur einen Traum«, sagte ich hastig, »ich will nur den Traum von Anna …« - ich verbesserte mich rasch: »… nur den von dem Mädchen auf dem großen weißen Schiff.«

Nachdenklich setzte er unleserliche Zahlen auf ein neben dem Block liegendes Blatt Papier, als mache es ihm Mühe, den Preis zu errechnen.

»Einen Monat«, murmelte er schließlich und durchkreuzte seine Berechnungen mit einem festen Strich.

Ich lachte ihm ins Gesicht.

Sich den Kragen zurechtrückend, erläuterte er: »Ich mache keinen Scherz. Sie haben vielleicht erwartet, mit Geld bezahlen zu können, aber Sie werden wissen, daß Sie nirgends Träume für Geld bekommen. Sie müssen mit Zeit bezahlen. Träume kosten Zeit, manche sehr viel Zeit. Wir haben einen Traum - vielleicht darf ich ihn Ihnen zeigen -, für den wir ein Leben verlangen.«

»Danke« - ich unterbrach ihn, denn mir schwindelte - »ich fürchte, ich habe nicht so viel Zeit, ich werde nicht einmal die Zeit für den kleinen Traum haben, nach dem mich verlangt.« Ich trat ganz nahe an ihn heran und sah ihm beschwörend ins Gesicht. »Mich verlangt, mehr als Sie begreifen können, nach diesem Traum, ich würde Ihnen viel, vielleicht sogar alle meine Ersparnisse dafür geben, aber meine Arbeit geht meiner Zeit vor, und die wenigen Tage, die ich im Winter für mich haben werde, will ich in den Bergen zubringen. Und selbst wenn ich auf die Erholung verzichtete, würde meine Zeit nicht reichen, um diesen teuren Traum zu bezahlen.«

Wortlos warf der Verkäufer den Block an das Ende des Tisches: dann schritt er zur Türe und wies mich unmißverständlich hinaus. Ich ging, aber ich ging nicht, ohne meinen ganzen

Mut, meine ganze Empörung zusammenzufassen – ich war fast sicher, daß ich meinen Verstand verloren hatte, ich kämpfte einen kurzen, heftigen Kampf, in dem ich mir vorwarf, mich schon zu sehr in dieses Geschäft eingelassen zu haben, aus dem ich vielleicht nicht mehr herauskonnte, nicht mehr heraus wollte.

»Hören Sie«, schrie ich dem Mann zu, der mich nicht mehr ansah, sondern gleichgültig auf die Straße blickte, »ich will darüber nachdenken, ich werde es mir überlegen und morgen wiederkommen. Legen Sie mir den Traum auf die Seite, erlauben Sie nicht, daß mir jemand zuvorkommt!«

Ehe ich mir Rechenschaft ablegen konnte, lief ich die Straße hinunter, dunkleren Straßen zu.

Spät kam ich nach Hause. Ich schlief erst ein, als mir der Morgen mit dunstigem Frühlicht die Augen bestrich, und erwachte bald darauf erschrocken, weil es spät war, fast zu spät, um noch rechtzeitig an die Arbeit zu kommen.

Der Tag wollte nicht vergehen, nicht über meinen eiligen Gängen, meinen eiligen Handgriffen und verdoppelten Anstrengungen, allem gerecht zu werden. Ich fürchtete, nichts und niemand mehr gerecht zu werden, nicht den Anforderungen, die man an mich stellte, nicht mehr mir selbst, nicht mehr meinem Wachen und Schlafen, wenn kein Traum hineinreichte oder ich in keinen Traum reichte.

Am Abend ging ich kreuz und quer durch die Stadt, die Rolladen fielen donnernd über die Schaufenster, vor jedem Laden schrak ich zusammen, weil ich fürchtete, ohne es zu wollen, vor den einen gekommen zu sein, den ich suchte und mied.

Nach diesem Heimweg wurden mir noch viele Heimwege zur Qual, bis ich eines Tages beschloß, meiner Unrast ein Ende zu setzen. Ich nahm mir vor, nur noch einmal nach diesem Traum zu sehen und mit dem Verkäufer zu sprechen, ihn zu bewegen, den Preis zu senken, den ich nicht zahlen wollte.

Vielleicht würde ich ihn doch bezahlen.

Als ich mich dem Haus näherte, in dem ich den Laden wußte, sah ich schon von weitem ein hohes Gerüst bis an das Dach reichen. Eimer mit Kalk und Bottiche mit Mörtel standen auf dem Gehsteig, und wo einst der kleine dunkle, mit Gerümpel gefüllte Laden gewesen war, standen leere, saubere Wände. Das Fenster war aus dem Rahmen gelöst worden.

Ein Arbeiter sprang von der Leiter und kam vor meine Füße zu stehen.

Ich war sehr ruhig, ich fragte ihn, wohin der Besitzer übersiedelt sei, er wußte es nicht, er wußte nicht einmal, daß es hier überhaupt ein Lokal gegeben habe. Ich hätte mich wahrscheinlich in der Hausnummer geirrt, meinte er.

»Nein«, erwiderte ich zerstreut und wandte mich zum Gehen. »Nein, ich habe mich nicht geirrt.«

In dieser Nacht schlief ich tief und fiel aus der zitternden Unruhe, die mich die ganze Zeit hindurch benommen gemacht hatte, in eine Ruhe, die sich nicht wieder aufheben ließ. Ich schlief und hörte die Sirenen nicht, die mich immer geweckt hatten; die Vögel vor dem Fenster lärmten vergeblich, und ich blieb selbst ruhig, als ich die Augen aufschlug und entdeckte, daß es Nachmittag war, die Stunden fliegend blauten, und der Sonnenzeiger am Himmel nach Westen wies.

Einige Wochen lang lag ich, von einer wohltätigen, fast schmerzlosen Krankheit ans Bett gefesselt; ich hatte viel Zeit, schmerzlose und traumlose Zeit. An dem Tag, an dem ich so weit hergestellt war, daß ich meiner Arbeit wieder hätte nachgehen können, erhielt ich von meiner Firma die Kündigung. Ich hatte mir eben zuviel Zeit genommen, und nun wurde mir noch einmal Zeit auf lange Zeit geschenkt. Zeit wofür?

Alfred Kubin

Alltag im Traumreich

Das erste, was uns auffiel, die Kleidung der Traummenschen – zum Lachen! – war gänzlich veraltet. Bei den sogenannten ›feinen Leuten‹ bemerkte man das ganz besonders.
»Diese Menschen tragen die Kleider ihrer Eltern und Großeltern auf«, sagte ich belustigt zu meiner Frau. Ganz unmoderne geschweifte Zylinder, farbige Leibröcke, Kragenmäntel – so waren die Herren angezogen. In Krinolinen und seltsam altmodischen Frisuren, mit Häubchen und Umschlagtüchern stolzierten die Damen einher. Wie ein Maskenscherz wirkte das!
Doch auch wir erregten Aufsehen und waren daher schon nach einigen Tagen gezwungen, uns anzupassen. Meine Frau bequemte sich zu einer kleinen Halbkrinoline, ich trug mit Anstand einen Taillenrock, eine weitausgeschnittene, geblümte Weste und Vatermörder à la 1860. Zu weiteren Konzessionen konnte ich mich nicht entschließen. Spitze, enge Stiefel, die mir aufgedrängt werden sollten, wies ich entrüstet zurück. Man gewöhnte sich rascher, als man glaubte, an diese Veränderung des Äußeren. Schon nach kurzer Zeit sah ich mit Verwunderung die Neuankommenden in ihren fremdartigen Trachten.
An jenem ersten Tag war es meine ganze Sorge, baldmöglichst eine geeignete Wohnung zu finden. Dem Wunsche meiner Frau, tunlichst weit weg von dem unheimlichen Palaste zu sein, gab ich nach, und wir suchten mehr an der Peripherie der Stadt. In einer der hübschen Gartenvillen unterzukommen, daran war nicht zu denken. So irrten wir nun schon zum dritten Male die Lange Gasse hinauf und hinunter. Da zog ein mittelgroßes zweistöckiges Erkerhaus meine Aufmerksamkeit auf sich. Wie aus Kindertagen bekannt kam es mir auf einmal vor. »Hier ist's ja, was wir suchen«, rief ich darauf hindeutend. »Im zweiten Stock kommen wir unter!« Meine Gefährtin war recht verwundert über meine Sicherheit. »Woher willst du

denn das so bestimmt wissen?« fragte sie mich, ein wenig spöttisch lächelnd. Dafür hatte ich allerdings keinen Grund, es erschien mir einfach selbstverständlich. Und gottlob! Ich hatte recht, es war wirklich eine Wohnung mit drei Zimmern und Küche zu haben. Ein Friseur – zugleich Hausverwalter –, der unten seinen Laden hatte, führte uns hinauf. Die Räume sahen behaglich und einladend aus, die Einrichtung war hübsch, der Preis mäßig. Wir zogen schon nachmittags ein.
Das Haus gehörte einem gewissen Dr. med. Lampenbogen.

So waren wir nun richtige Traumstädter geworden. Ich mußte meinen früher ausgesprochenen Verdacht, hier sei alles wie daheim, jeden Tag unzählige Male zurücknehmen, wenigstens in den ersten Monaten. Später vergaß ich meine Heimat gänzlich. Man gewöhnte sich im Traumland derart an das Unwahrscheinlichste, daß einem nichts mehr auffiel.
Obwohl ich es wirklich nicht vorhatte, kam ich doch bald zu einem Beruf. Ich wurde einfach überrumpelt. – Es kam nämlich schon am dritten Tage ein äußerst flinker, kleiner Herr zu mir:
»Ich bin der Verleger und Redakteur des ›Traumspiegels‹, des bestbekannten illustrierten Blattes, eigene Druckerei!« sprudelte er hervor. »Es ist gut, daß Sie da sind, auf einen Mann wie Sie warten wir schon lange. Castringius, unsere erste Kraft, hat sich leider etwas ausgegeben, und jetzt decken wir unseren Bedarf an Bildern, indem wir alle alten Holzstichplatten in Perle zusammenkaufen und abdrucken. Ach, sehen Sie, unsere letzte Nummer.« Er zog ein Blatt hervor: »Cochem an der Mosel, Minister Graf Beust im Kreise der Seinigen, Indianer im Kriegsschmuck – ist das schön? ist das traumhaft? ist das interessant?« rief er aufgebracht und fuchtelte mit der Zeitschrift herum. »Nein, mein Lieber!« Einen Moment dachte er nach und wischte sich den Schweiß von der Stirn. Plötzlich brachte er einen säuberlich geschriebenen Kontrakt hervor. Ich brauchte nur zu unterzeichnen: vierhundert Gulden im Monat, das ganze Jahr hindurch, ob ich viel oder gar nichts lie-

ferte. Das war denn doch zu komisch, eine derartige Abmachung war mir noch nie zu Gesicht gekommen. Natürlich kratzte ich sofort meinen Namen hin, man entschloß sich im Traumreich sehr leicht zu so etwas, niemand überlegte lange. Unsicher waren alle Geschäfte. Ich hatte aber jetzt meine feste Anstellung, war Zeichner bei einer angesehenen Zeitschrift und stellte mit einem Wort *etwas vor.* - *Und* darauf kam es in diesem Land an: *etwas vorzustellen,* irgend was, meinetwegen einen Tagedieb oder Strolch.
Mein Redakteur schraubte fidel seinen Stock auseinander. Er war hohl, der Griff ein Gläschen, aus der Röhre schenkte er mir einen guten Schnaps ein: »Zur Bekräftigung!« wie er vielsagend meinte.
»Und bringen Sie mir möglichst Grelles und Schauriges! Ich will nämlich das Blatt heben«, sprach er zukunftsfroh. Dann nahm er tiefbefriedigt den Kontrakt, empfahl sich und tänzelte in seinem schwarzweiß karierten Anzug hinaus.

Wer ins Traumreich eintrat, der merkte im ersten Augenblick das ewig schwindelhafte Gebaren gar nicht so sehr. Flüchtig betrachtet, wurde hier gehandelt und gekauft, wie es überall Brauch ist. Das war jedoch nur Schein, lächerlicher Schein. Die ganze Geldwirtschaft war ›symbolisch‹. Wieviel einer besaß, wußte er nie. Es wurde Geld gebracht, wieder geholt, man gab aus und nahm ein, Taschenspieler waren sie alle ein wenig, und auch ich lernte bald manchen schönen Kniff. Aufs Mundwerk kam das meiste an. Dem Gegner etwas vorzutäuschen, *das* war der Witz. Anfangs erschrak ich, wie sehr die Traumleute der Suggestion unterlagen, aber wohl oder übel mußte ich mich auch hierein finden und lebte mich immer stärker in eigene und fremde Einbildungen hinein. Der Wechsel von Glück und Unglück, Armut und Reichtum war ein viel rascherer als in der übrigen Welt. Fortwährend überstürzten sich die Geschehnisse. Aber ging auch alles noch so sehr drunter und drüber, man fühlte eine *starke Hand.* Hinter den scheinbar unbegreiflichsten Zuständen witterte man ihre verborgene Kraft.

Sie war die geheimnisvolle Ursache, daß sich dabei alles halten konnte und nicht ins Bodenlose stürzte. Es war das große Schicksal, das über uns allen wachte. Eine ungeheuerliche, bis ins Verborgene dringende Gerechtigkeit, glich es alle Ereignisse wieder aus. War ein Mensch verzweifelt, sah er vor Not keinen Ausweg mehr, so sandte er sein innerstes Gebet an diese Adresse. Jene schrankenlose Macht, voll furchtbarer Neugier, *ein* Auge, das in jede Ritze drang, war überall gegenwärtig; nichts entging ihm. Im Glauben daran war der Traummensch ernst, alles übrige war vergänglich.

Ludwig Anzengruber

Bericht über das Teufelsblech

Ein dichter Nebel lag über der großen Stadt London, seit frühem Morgen lag er darüber und war nicht müde geworden, wie sonst einer, der lange auf einer und derselben Stelle liegt, denn er hatte sich weder gerührt noch gedreht. DieLeute, welche ihren Geschäften nachgingen, mußten sich durch seine Schleier hindurch ihre Wege suchen, und da dies die alten, gewohnten waren, so war das eine allerdings noch zu leistende, wenn auch keine angenehme Arbeit, und es mag an solchen Tagen in der großen Stadt London wohl auch mehr geflucht als gebetet werden.

Es war, als hätte die Nixe der Themse ihr feuchtes Gewand zum Trocknen über die gewaltige Häusermasse gebreitet, und wenn dieser nasse Zauberschleier den beschäftigten Leuten schon ein wahrer Greuel war, um wieviel trostloser mußten sich jene in seinen weiten, grauen Falten befinden, die nichts zu tun hatten als – zu leben?! Eine Aufgabe, die allerdings mit einfachem Atemholen abgetan ist, aber doch sehr herabstimmend wirken kann, wenn alle durch diese Luftzufuhr funktionierenden Organe unaufhörlich dem Gehirne rapportieren: »Alles grau - nichts Neues!« Damit wird dem Menschen auch alles Alte so zuwider, daß er in jene Stimmung gerät, die man Langeweile nennt, und die nur der zu schätzen weiß, den sie schon einmal einen ganzen, langen Tag über geplagt hat.

In einem der reichsten Stadtteile, inmitten einer schmalen, geraden Gasse, stand ein hübsches, einstöckiges Palais, die Gasflammen davor leuchteten matt wie Glühwürmchen, zwei mürrisch aussehende steinerne Gesellen trugen den Torbogen, sie hatten sich zu dieser Arbeit aller Kleidungsstücke bis auf eine Art kurzen Schurzes entledigt, und obwohl sie also nicht einmal »in Hemdärmeln« arbeiteten, gab ihnen doch der Niederschlag der feuchten Atmosphäre das Ansehen, als ob sie vor Anstrengung schwitzten; ebenso mürrisch und steinern, als wäre er der dritte im Bunde, stand in dem Hausflur der Portier, und man glaubte jeden Augenblick gewärtigen zu müssen, daß er seinen Pelzrock abwerfen und einen der Torbogenträger ablösen würde. Von dem Flur lief ein breiter Teppich die Treppe hinan und über die Gänge des ersten Stockwerks hinweg, dort lag eine große, graue Katze der Länge nach und streckte behaglich alle viere seitwärts von sich, sie schein offenbar diesen Komfort sehr zu würdigen, wenn sie auch sonst keine Augen hatte für alle die Herrlichkeiten und Bequemlichkeiten in dem Hause des sehr ehrenwerten Lords Edward Knuddl.

Lord Edward Knuddl, aus einer sehr alten Familie war noch ein junger Mann, wenn man ihm das auch nicht ansah. Er war, so zu sagen, das Phlegma, das von allen vorangegangenen Knuddls zurückblieb, denn dieselben hatten immer nur in die Verwandtschaft geheiratet, und wenn sich die gleichen Eigenschaften, Tugenden und Leidenschaften durch Generationen immerfort in einem schon typisch gewordenen Organismus aussprechen und auswirken müssen, wenn dasselbe Blut Menschenalter um Menschenalter immer auf andere Adern

abgezogen wird, dann verrauchen die seelischen Affekte, und das Blut steht ab. Alle Lebensmüdigkeit, die latent in den Adern der sämtlichen vorangegangenen Knuddls schlummerte, entband sich im Blute unseres Lords Edward.
Man hatte ihn zwar nach alter Sitte auf den Kontinent geschickt, aber schon die letzteren Knuddls erwähnen in ihren Reisetagebüchern nur mehr der Nachtlager, und der edle Edward verschlief die ganze Tour. Nach seiner Zurückkunft sollte der junge Lord auf Andringen einiger alten Verwandten den Versuch machen, das Blut der Knuddls zu erneuern und sich mit einer blühenden Krämerstochter verehelichen, denn die Verwandtschaft war ungeheuer nachsichtig geworden, vielleicht hatte sie Darwin gelesen; kurz, die dralle Krämerstochter fand sich von dem interessant bleichen Edward angezogen, sie war es zufrieden, und der edle Lord folgte seiner Pflicht und brachte es auch bis zur Hochzeit, von da ab betrachtete er seine Frau mit dem ganzen Wohlgefallen, das ihre schöne Erscheinung verdiente, und mit allem Feuer, dessen der letzte Knuddl fähig war, aber er verfiel darüber regelmäßig in bewundernde Apathie oder freundlichen Schlummer, je nach der Tageszeit.
[...] So finden wir denn unseren jungen Lord am Abende des obgedachten, nebeligen Tages in einem Lehnstuhle, die Beine weit von sich gestreckt und die Hände in den Taschen der Beinkleider vergraben, am Feuer des Kamines sitzen, um sich von der Untätigkeit des Tages auszuruhen.
Ein Buch war ihm offenbar aus den Händen gesunken und lag in bedenklicher Nähe des Feuers; der Lord beachtete das aber nicht, denn er dachte gerade an gar nichts. Er war in der Lektüre nicht wählerisch, er las alles, was eben erschien und in den Zeitungen besprochen wurde, er ließ sich alle Wochen den Büchertisch mit Neuigkeiten belegen, das war sein Lesebüfett, von dem er bald hier ein Blättchen, bald dort ein Kapitel naschte, aber nie etwas durchlas.
Jetzt regte sich der Lord ein wenig, schob mit dem Fuße das Buch etwas zur Seite. Es war eine Abhandlung über die Sym-

bolik der Träume, eine jener auf langjährige Beobachtung gestützten Schriften eines Professors, der, wie andere Philosophen, auch nur um seine Träume wußte.

Der Lord langte nach der Klingelschnur und schellte. Die Türe öffnete sich leise und sorgsam, und ohne Geräusch – als hätte sie das der Katze draußen abgelauscht – erschien eine lange, hagere Gestalt, die schweigend an der Schwelle verharrte, der Kammerdiener Seiner Lordschaft.

»Missis Powder!«

Der Lange an der Portiere knickte zusammen und verschwand lautlos, wie er gekommen.

Seine Lordschaft blieben, ohne sich zu rühren, in dem Lehnstuhle sitzen und weil Derselben jetzt der Stumpf einer Zigarre nahe an den Lippen brannte, was Sie bisher mit wahrhaft stoischem Gleichmute ertrugen, so spuckten Dieselbe mit Grazie und großer Sicherheit den bedrohlichen Stummel in das Feuer des Kamins.

Etwas geräuschvoller als vorhin, denn es galt, eine Dame einzulassen, öffnete sich abermals die Türe, und Mrs. Powder, die Haushälterin, erschien vor Seiner Lordschaft; auch sie blieb erwartend an der Schwelle stehen.

Lord Edward wendete sich der Türe und somit auch der obgenannten Dame den Rücken zu, er gähnte. Nachdem er eine kleine Weile darauf hinter sich ein unterdrücktes Gähnen wie ein Echo hörte, sagte er, ohne Wendung des Kopfes, vor sich hin:

»Mrs. Powder?«

»Lord Knuddl?«

Seine Lordschaft wies nach einem in respektvoller Entfernung stehenden Stuhle und Mrs. Powder gehorchte, sich setzend, dieser stummen Aufforderung.

»Langweilig«, sagte der Lord nach einer kleinen Pause, während welcher er annehmen konnte, daß die alte Dame Platz genommen habe, von welcher Tatsache ihn auch das Rauschen des über dem Schoße glatt gestrichenen Kleides unterrichten mochte.

»Langweilig.«

Mrs. Powder nickte mit dem Kopf.

Edward sah das zwar nicht, da er nicht aufblickte, aber er schien das schweigend vorauszusetzen, so sehr war er der Übereinstimmung der Gefühle seiner Dienerschaft mit denen seines Inneren gewiß. Der Dienerschaft im allgemeinen mag es auch heute so ums Herz gewesen sein, ob aber auch der Geplagtesten darunter, der alten Powder, das wollen wir dahingestellt sein lassen. Wahrscheinlich bezog sich jedoch die Zustimmung der alten Dame nur auf ihr Verständnis der Gemütsverfassung ihres Gebieters, von dem sie wohl voraussetzen konnte, es sei ihm zu Mute, wie er aussagte; denn seit unvordenklichen Zeiten hatte kein Knuddl gelogen, ohne Grund schon gar keiner. Das Lügen erfordert immer einen gewissen Aufwand geistiger Kraft, wenn es recht gelogen sein soll, und es liegt in der Natur begründet, daß sich keine Kraft ohne Wirkung ansetzt, das Resultat einer schlechten Lüge ist aber immer ein klägliches, und somit können wir wohl behaupten, die Knuddls hätten aus dem einen oder dem anderen Grunde nie gelogen.

Die alte Haushälterin also stimmte unbedingt bei, was Seine Lordschaft ebenso unbedingt voraussah, so daß er nach einer kurzen Unterbrechung – die wir oben zur Erhärtung der Wahrhaftigkeit der Knuddls nutzbringend anwandten – fortfuhr, indem er auf das Buch zu seinen Füßen deutete.

»Träume!«

»Schäume!« sagte Mrs. Powder, denn sie hielt den Ausspruch ihres Gebieters für ein wegwerfendes kritisches Urteil über das auf dem Boden liegende Machwerk, das wohl ein recht ausschweifendes Erzeugnis menschlicher Phantasie sein mochte, weil Seine Lordschaft »Träume« sagte, was sie durch obiges Reimwort zu bekräftigen bemüßigt schien.

Der Lord, also mißverstanden, wiegte unwillig sein Haupt, machte eine abwehrende Handbewegung gegen Mrs. Powder, als wollte er damit ihre »Schäume« aus der Reihe der gesprochenen Worte hinwegtilgen, und zeigte dann wiederholt gegen das Buch mit einer Bewegung des ausgestreckten Zeigefingers, als wollte er dessen Titel bis hinunter zum Verlagsorte unterstreichen; deutete dann gegen einen reich geschnitzten Wandschrank.

»Archiv!«

Frau Powder erhob sich eifrig, öffnete die Flügeltüren des Schrankes und sah erwartend nach dem Lord.

»Korrespondenz und Aufzeichnungen des Lords Eginhard Knuddl, General in der britisch-indischen Armee, Stück Nr. 70.«

Nach dieser sprachlichen Anstrengung lehnte sich der Lord erschöpft zurück.

Die alte Dame hatte mittlerweile ein paar Blätter Papier zum Vorschein gebracht, aus denen jetzt eine kleine Metallplatte klirrend zu Boden fiel. Das Geräusch fuhr der Haushälterin durch alle Glieder, zitternd faßte sie das kleine ovale Blechschild, das mit sonderbaren Charakteren bedeckt war, und legte es mit einer Gebärde, mit der man sich unheimlicher Gegenstände entledigt, rasch auf ein nahes Tischchen, während sie zugleich einen flehenden Blick auf ihren Gebieter richtete, der übrigens durch keine Bewegung eine Überraschung über die sonderbare Beilage des Schriftstückes kundgab. Die Scheu der alten Dienerin wie die Gleichgültigkeit Lord Edwards sind Umstände, die uns darauf schließen lassen, daß den beiden Personen der Inhalt dieser Archivnummer nicht fremd war, was wir auch sogleich bestätigt finden werden.

Mrs. Powder reichte sehr dringlich die Briefschaften dem Lord zu eigenem Gebrauche hin.

Derselbe wies sie aber mit entsprechender Gebärde, welche die Dienerin zugleich ihren früheren Sitz einnehmen hieß, zurück.

»Nach abgeschlagenem Angriffe« – – bezeichnete mit erhöhter Stimme der Lord die Stelle, von der er die Vorlesung des Schriftstückes begonnen wünschte.

Die alte Dame schien wohl die Absicht zu haben, dem Wunsche ihres Gebieters Folge zu leisten, aber sie drohte vorerst

einem immer heftiger werdenden Hustenanfalle zu unterliegen.
Edward sah ungeduldig auf.
Die Haushälterin seufzte und las, wie folgt:
»Nach abgeschlagenem Angriffe auf unser wohl befestigtes Lager holten unsere Soldaten aus einem Gebüsche, wohin er sich verkrochen hatte, einen braunen ...«
»Völlig nackten Hindukerl hervor«, ergänzte unerbittlich Seine Lordschaft.
Mrs. Powder schwieg, befühlte aber mit der freien linken Hand leise ihre Wangen, denn sie befürchtete zu brennen; nachdem sie sich von einer noch erträglichen Hitze dieser Hautfläche überzeugt hatte, fuhr sie fort:
»Sie hielten ihn der Spionage verdächtig, jedoch wohin hätte der Mensch Briefschaften verstecken, etwa einnähen sollen, da er ...«
»Am ganzen Leibe keinen Faden hatte?« schaltete der Lord sehr phlegmatisch ein.
Die alte Dame duckte hier nur etwas mit dem Kopfe unter, als hätte sie die Absicht, bei wiederholten Angriffen auf ihre Schamhaftigkeit denselben unwiederbringlich in ihre Hände zu vergraben; sie fuhr jedoch für diesmal fort, ein Zeichen, daß wohl von Seite des Schriftstückes derlei nicht mehr zu befahren sei.
»Vor mich geführt, gab er sich für einen sogenannten Traummacher aus. Das dumme Volk hier glaubt nämlich, es ließe sich durch geheimnisvolle Künste möglich machen, im Schlafe nach Verlangen von Vergangenheit, Gegenwart und Zukunft oder sonst von einem beliebigen Gegenstande zu träumen, auch andere durch angezauberte Träume in Schreck oder Irrtum zu versetzen.
Ich habe natürlich diesen Kerl für das genommen, was er ist, für einen Betrüger, und seine felsenfeste Versicherung, im Besitze der traummachenden Mittel zu sein, für eine Prahlerei, die unumgänglich nötig ist für sein Metier, mit dem es denn doch nicht weit her sein mag, sonst hätte er sich wohl ein paar

Sandalen kaufen können. Obwohl ich nun nicht den geringsten Respekt vor seiner eingebildeten Macht besaß, so hatte ich doch einen so großen Widerwillen gegen diesen Menschen, der seiner eigenen Angabe nach offenbar entweder ein Betrüger oder ein Narr sein mußte, daß ich ihn sogleich nach kurzem Verhöre ungehudelt ziehen ließ.

Den nächsten Tag brachen wir unsere Zelte ab und zogen weiter. Als wir haltmachten, wurde derselbe Mensch von gestern vor mich gebracht; er hatte sich bei den äußersten Vorposten gemeldet und verlangte mich zu sprechen.

Als er nun mit mir allein war, bedankte er sich in überschwenglichen Ausdrücken für die ihm gestern erwiesene milde Behandlung, zeigte sich aber zugleich höchst beleidigt durch meinen Unglauben an seine Traummacherei. Er vertraute mir, daß das Hauptwerk dieser Kunst darin bestünde, sogenannte ›Teufelsträume‹ zu machen, das heißt, dem Satane die Macht zu geben, eine Person träumen zu lassen, das wären also Träume, die nicht von Gott, sondern vom Gegenteile kommen, und von so furchtbarer Art, daß sie plötzlichen Tod, Wahnsinn, zum mindesten Lebensüberdruß zur Folge haben; dazu genügt, dem betreffenden Schläfer unter das Kopfende eine kleine, metallene, bezauberte Platte zu legen.

Während dieser seiner Auseinandersetzung war der Narr über den Gedanken, ich könnte mich über diese furchtbare Macht, die er sich beilegte, noch nicht gehörig entsetzen, so in Ekstase geraten, daß er mir ein Blech, von angeblich solcher oben beschriebener Eigenschaft, vor die Füße warf, mit der Aufforderung, es selbst zu versuchen, wenn ich den Mut hätte! Für diese Frechheit ließ ich ihn mit fünfzig Hieben entlohnen, von denen er wohl nicht geträumt hatte, denn sie überraschten ihn vollständig, indes nahm er sie mit vielen Anstande entgegen, verließ auch unser Lager, solange er uns in Sicht blieb, in gemessener Haltung; nur etwas später fanden ihn unsere Vorposten in einem Straßengraben zusammengekauert liegen, welche Stellung wohl nicht der Ausdruck besonderen Behagens gewesen sein mag.

Ich selbst habe das Teufelsblech zwar nie unter meinen Kopfpolster geschoben, aber ich habe nach einander meine sämtliche Dienerschaft, vom alten, dicken John bis zum elendesten Hindukerl, der mir das Fußbad zurichtet, darauf schlafen lassen, ohne den Tag darauf eine besondere Veränderung an den Leuten wahrgenommen zu haben. Der alte John behauptete zwar, er hätte eine sehr unruhige Nacht gehabt, da ihm träumte, sein verstorbenes Weib sei wieder lebendig geworden, aber das helle Tageslicht und die mit ihm einleuchtende Gewißheit, daß die gute Mary bei Devonshire begraben liegt, verhalfen ihm sogleich zu seinem alten Frohmute. Die anderen verspürten gar nichts, denn was sie nach dem Aufstehen von besonderer Mattigkeit faselten, so kennt man schon die Kniffe dieser faulen Hunde, besonders der braunen Hinduschelme. Das sonderbare Blechschild aber schließe ich hiermit als Kuriosität bei.«

Hier tippte der Lord mit dem Schüreisen, dessen er sich zur Verlängerung seines Armes bediente, auf das Blatt in den Händen der Vorleserin, welche sofort schwieg.
»Gut«, sagte der Lord.
Mrs. Powder beeilte sich aufzustehen und gegen den Wandschrank zu schreiten, um das Schriftstück wieder einzureihen.
Der Lord mochte bei dem Geräusche hinter seinem Rücken diese Absicht merken und sagte mit großer Bestimmtheit im Tone: »Selbst!« So daß nicht mißzuverstehen war, daß Seine Lordschaft in höchst eigener Person sich dieser Mühewaltung zu unterziehen gedächten.
Mrs. Powder neigte verwundert ihr Haupt und legte die Papiere neben die kleine Metallplatte, welche auf dem Tischchen liegen geblieben war.
»Gute Nacht, Mrs. Powder!«
»Gute Nacht, Lord Knuddl!«
Die Türe schloß sich hinter der Haushälterin, der Lord war allein.

Christine Lavant

Der Wind bläst in das Mondeshorn

Der Wind bläst in das Mondeshorn,
wer soll dadurch ermuntert werden?
Die Traumfrau füttert uns auf Erden
mit Mohnsud und mit Mutterkorn.

Mein Schälchen freilich war ein Sieb,
blutwenig kam mir in die Kehle,
so schlaf ich nur mit halber Seele
und horche heimlich wie ein Dieb.

Das Mondhorn weiß von uns viel mehr,
als wir im Traume je erfahren,
es heult von sieben Hungerjahren
und von der Flucht ins Rote Meer.

Ich lege jeden Sinn zurecht,
voll Spannung wird mein Ellenbogen,
der Bläser ist ganz nahgeflogen
und wäre gern mein Herr und Knecht.

Doch von den Schläfern einer ist
mir näher als das Heil der Seele.
Die Traumfrau atzt jetzt meine Kehle,
und ich vermeide jede List.

Hans Arp

Weltwunder

sendet sofort die schnellsten boten zu den traumwolken. sendet flugwelle zeug*karte* drahttaube briefäther. wer kann in diesem finsteren land ohne eine morgenrote traumwolke leben. *hier ist* in jedem und allem *ein teil* undurchdringlicher finsternis. *Vom* tageslicht bleibt nur ein dürftiger kranz übrig. die finsternis ist eine quallige spinne ein stummes *schwein* eine widerliche schlange ein gewaltiger blutegel. meine morgenrote traumwolke fiel mir aus der hand und zerbrach. aber *alle 12 teile* lagen sauber nebeneinandergereiht am boden. zitternd habe ich die morgenrote traumwolke wieder *zusammengesetzt.* ich erwache. die wolke ist *flach* wie *aufgeklebt.* die bruchstellen sind erschreckend. wie *sollen* diese todeswunden heilen. ich verzweifle. *die deutliche seitliche form* dieser verzweiflung will sich nicht wenden und mir ihre vorderseite oder rückseite zeigen. träume ich noch immer. ich sitze hilflos vor vielen vielen schlecht zusammengefügten teilen *eines ausschneidebogens* auf dem eine morgenrote traumwolke abgebildet ist. ich habe mich in mein geschick *ergeben.* morgenrote traumwolke gefällig rufe ich aus. *staunend billig.* kauft morgenrote traumwolken. kauft *alles* beim träumer. ihr könnt ihn mit steinen zahlen. so wird er wenigstens ein steinreicher mann in einem finsteren land. *kauft* nur beim träumer.

traum *nr 2.* 8. nacht. *»der räuber« ist* ein sicherheitsapparat gegen einbrecher. ich träume von einem gedicht. du träumst von einer blume. dieser erfinder träumt von seinem sicherheitsapparat. »der räuber« erscheint dem erfinder funkelnder als ein feuerwerk sprühender als ein springbrunnen. jeder unvoreingenommene muß zugeben daß »der räuber« ein *effektvoller sicherheitsapparat* ist effektvoll weil er sich in der gestalt eines lockigen goldenen flügelklavieres darbietet *nützlich* weil er einbrecher spielend schnappt und *lustig* weil der besitzer sich an dem kurzweiligen schauspiel ergötzen kann wie sich der unhold oder die unholdin abmüht sich den fängen des sicherheitsapparates zu entwinden. vergebens jedoch denn der apparat ist *aus* edlem *hartholz* angefertigt und *mit* einer *knallvorrichtung* versehen. ohne erbarmen hält der sicherheitsapparat den missetäter fest und knallt dazu aus leibeskräften.

traum *nr 2.* 3. nacht. endlich treten wieder einmal *die* lieben *zwerge* auf. die lieben zwerge *werden* an pflöcke gebunden und zwar endlich wieder einmal von einem bösen riesen. endlich tritt auch wieder einmal eine gute fee auf. die lieben zwerge werden von der guten fee sofort *von ihren pflöcken gebunden.* die lieben zwerge sind natürlich sehr dankbar. *sie öffnen* um der guten fee freude zu bereiten *die zwergtaubenschläge* ihres reiches aus denen gewöhnlich zwergtauben fliegen. bekanntlich lieben gute feen zwergtauben. aber siehe da aus den zwergtaubenschlägen rollen donnerschläge *und donnerschläge* und zwar riesendonnerschläge.

Ist es träumen oder wachen?

> Der Traum ist eine Hülle um das Ich, das Wachen ist eine andere, und alle diese Hüllen bedecken am Ende – ein Nichts. So besteht die Zwiebel aus lauter Häuten, zieht die letzte ab, so ist sie nicht mehr.
>
> *Friedrich Hebbel*

Georg Christoph Lichtenberg

Aphorismen

Ich empfehle Träume nochmals; wir leben und empfinden so gut im Traum als im Wachen und sind jenes so gut als dieses; es gehört mit unter die Vorzüge bei Menschen daß er träumt und es weiß. Man hat schwerlich noch den rechten Gebrauch davon gemacht. Der Traum ist ein Leben, das, mit unserm übrigen zusammengesetzt, das wird, was wir menschliches Leben nennen. Die Träume verlieren sich in unser Wachen allmählich herein, man kann nicht sagen, wo das Wachen eines Menschen anfängt.

Man kann ebenso gut träumen ohne zu schlafen, als man schlafen kann ohne zu träumen.

Daß man solch närrisches Zeug träumt, wundert mich nicht; allein, daß man glaubt, man wäre es selbst, der so was täte und dächte, das wundert mich.

Kurt Schwitters

La Rêve

Wer Hund ist, wedelt wann und dann,
Wenn er nicht knurren und bellen kann.
Der Traum ist Schläfer in der Nacht,
Der Traum ist Träumer in der Pracht.
Des Traumes Bruder ist der Wach,
Er träumt zu träumen, doch er wacht.
Des Ernstes Schwester ist die Lach,
Sie will nicht weinen, weil sie lacht.
Sehr wenig leise ist der Krach,
Er fürchtet Ruhe, weil er kracht.
Stets wandern liebt das Wanderzelt,
Beim Rasten wird es aufgestellt.
Wer Hund ist, zeigt sich, wenn er bellt.
Des Hundes Tuten ist die Wacht.
Fest steht und treu die Wacht, die Wacht im Traum.

Rainer Maria Rilke

Ich bin zu Hause zwischen Tag und Traum

Ich bin zu Hause zwischen Tag und Traum.
Dort wo die Kinder schläfern, heiß vom Hetzen,
dort wo die Alten sich zu Abend setzen,
und Herde glühn und hellen ihren Raum.

Ich bin zu Hause zwischen Tag und Traum.
Dort wo die Abendglocken klar verklangen
und Mädchen, vom Verhallenden befangen,
sich müde stützen auf den Brunnensaum.

Und eine Linde ist mein Lieblingsbaum;
und alle Sommer, welche in ihr schweigen,
rühren sich wieder in den tausend Zweigen
und wachen wieder zwischen Tag und Traum.

Wolfgang Hildesheimer

Ich werde heute nacht in der Gitarre schlafen

Da liege ich und schlage meinen Akkord an, warte eine Fermate lang, höre auf das seidige Rauschen der Gioconda, das gestärkte Knistern Maria Stuarts. Schwester Antonia höre ich nicht, sie stopft. Im Hause ist es still, nur die Nacht draußen rauscht. Oben die Uhren sind stehengeblieben. Ich brauche sie nicht, denn was sich hier vollzieht, vollzieht sich nicht mehr in der Zeit. Zeit? Wie sollte der Morgen aussehen, nach einer solchen Nacht? Soll ich die Saiten anheben, und aus der Schallrose klettern, mir die Augen reiben und mich im hellen Raum umsehen, wie einer, der auf dem Mond gelandet ist und feststellt, daß er der Erde ähnlich ist? Soll ich die Saiten zurückschnellen lassen und aussteigen, um mich einem Tag gegenüberzusehen, der meine kostbaren Kombinationen zunichte macht, als hätte ich mir nicht mühevoll eine Nacht aufgebaut? Nein. Hier liege ich, hier bleibe ich. Hier schlage ich meinen Akkord an, bis meine Hand außen am Holz hinabsinkt, und dann –

lausche ich, beinah, aber noch nicht ganz im Schlaf, den Akkorden der Wächterinnen, der Dame mit dem leicht schwachsinnigen Lächeln, deren spitze Fingerkuppen sich zwischen den Griffen auf das Holz legen, höre das Knacken der Gelenke, wenn die königliche Mörderin das Griffbrett umspannt, da liegt feine Haut auf feinem Holz. Ich höre einem

Wechselgesang zu, der nicht erklingt, einem nicht gesungenen, kaum erinnerten, nur vage gedachten Lied, das sich selbst singt. Es singt sich in der Florentinerin Ferne und in der Ferne der Schottin, und von der Querwand herüber höre ich das Schweigen der Vincentinerin, wie sie am Strumpf Gottes stopft.
Noch einmal, in einem schläfrig-jähen Versuch, schlenkert meine Hand über die Saiten, dann wischt sie an der Außenwand des Instrumentes hinab, über sein zerbrochenes Holz, und bleibt, einmal noch hin und her pendelnd, an ihrem Gelenk hängen. Die Griffe der Spielerinnen werden leiser, die Fermaten länger, die Melodie schwingt unhörbar im Zwischenraum. Fast schlafend spiele ich im beginnenden Traum noch mit, vollziehe im Geist ihre Griffe, da ich meinen einen jetzt vergessen habe, auf ihm liegt die Nacht. Ich horche, wie die Finger meiner Wächterinnen, die soeben noch Metallsaiten griffen und vielleicht noch immer greifen, aber nicht mehr zum Schwingen bringen, sich allmählich, einer nach dem zögernden anderen, sachte klopfend, dann nur noch tastend auf die Körper legen, auf das dünne Dach, unter deren einem auch ich, Ohr am Holz, liege –
höre, wie die Fingerkuppen am Holz haften bleiben, dann, kaum noch auf dem Holz, kaum über die Fläche streifend, abwärts rutschen, zwischen Saiten und Holz, dann zwischen Holz und Nacht, und dann in der Nacht für ewig hängenbleiben –
während Antonia wacht und ewig Wolle stopft. Ich liege innen, außen wacht eine und stopft, zwei andere schlafen zwei verschiedene Schläfe –
und ich drinnen sinke in meinen eigenen Schlaf und schlafe –
unter den süßen Saiten
im verwunderten Holz.

E. T. A. Hoffmann

Veronika in der Hexenküche

Der Postillion stieß schmetternd in sein Horn, die Alte kugelte um in ihren Sud hinein und alles war mit einemmal verschwunden in dickem Qualm. – Ob du das Mädchen, das du nun mit recht innigem Verlangen in der Finsternis suchtest, gefunden hättest, mag ich nicht behaupten, aber den Spuk des alten Weibes hattest du zerstört und den Bann des magischen Kreises, in den sich Veronika leichtsinnig begeben, gelöset. – Weder du, günstiger Leser! noch sonst jemand fuhr oder ging aber am drei und zwanzigsten September in der stürmischen den Hexenkünsten günstigen Nacht des Weges und Veronika mußte ausharren am Kessel in tödlicher Angst, bis das Werk der Vollendung nahe. – Sie vernahm wohl, wie es um sie her heulte und brauste, wie allerlei widrige Stimmen durcheinander blöckten und schnatterten, aber sie schlug die Augen nicht auf, denn sie fühlte wie der Anblick des Gräßlichen, des Entsetzlichen, von dem sie umgeben, sie in unheilbaren zerstörenden Wahnsinn stürzen könne. Die Alte hatte aufgehört im Kessel zu rühren, immer schwächer und schwächer wurde der Qualm und zuletzt brannte nur eine leichte Spiritusflamme im Boden des Kessels. Da rief die Alte: Veronika mein Kind! mein Liebchen! schau hinein in den Grund! – was siehst du denn – was siehst du denn? – Aber Veronika vermochte nicht zu antworten, unerachtet es ihr schien, als drehten sich allerlei verworrene Figuren im Kessel durcheinander; immer deutlicher und deutlicher gingen Gestalten hervor und mit einemmal trat, sie freundlich anblickend und die Hand ihr reichend der Student Anselmus aus der Tiefe des Kessels. Da rief sie laut: Ach der Anselmus! – der Anselmus! – Rasch öffnete die Alte den am Kessel befindlichen Hahn und glühendes Metall strömte zischend und prasselnd in eine kleine Form, die sie daneben gestellt. Nun sprang das Weib auf und kreischte sich mit wilder gräßlicher Gebehrde herumschwingend: Vollendet ist das Werk – Dank dir mein Junge! – hast Wache gehalten – Huy – Huy – er kommt! – beiß ihn tot – beiß ihn tot! Aber da brauste es mächtig durch die Lüfte, es war als rausche ein ungeheurer Adler herab mit den Fittigen um sich schlagend und es rief mit entsetzlicher Stimme: »Hei hei! – ihr Gesindel! nun ist's aus – nun ist's aus – fort zu Haus!« Die Alte stürzte heulend nieder, aber der Veronika vergingen Sinn und Gedanken. – Als sie wieder zu sich selbst kam, war es heller Tag geworden, sie lag in ihrem Bette und Fränzchen stand mit einer Tasse dampfenden Tee's vor ihr sprechend: Aber sage mir nur Schwester! was dir ist, da stehe ich nun schon eine Stunde oder länger vor dir und du liegst wie in der Fieberhitze besinnungslos da und stöhnst und ächzest, daß uns angst und bange wird. Der Vater ist deinetwegen heute nicht in die Klasse gegangen und wird gleich mit dem Herrn Doktor hereinkommen. – Veronika nahm schweigend den Tee; indem sie ihn hinunterschlürfte, traten ihr die gräßlichen Bilder der Nacht lebhaft vor Augen. »So war denn wohl Alles nur ein ängstlicher Traum, der mich gequält hat? – aber ich bin doch gestern Abend wirklich zur Alten gegangen, es war ja der drei und zwanzigste September? – doch bin ich wohl schon gestern recht krank geworden und habe mir das Alles nur eingebildet und nichts hat mich krank gemacht, als das ewige Denken an den Anselmus und an die wunderliche alte Frau, die sich für die Liese ausgab und mich wohl nur damit geneckt hat.« – Fränzchen, die hinausgegangen, trat wieder herein mit Veronikas ganz durchnäßtem Mantel in der Hand. »Sieh nur, Schwester!« sagte sie, »wie es deinem Mantel ergangen ist; da hat der Sturm in der Nacht das Fenster aufgerissen und den Stuhl, auf dem der Mantel lag, umgeworfen; da hat es nun wohl hineingeregnet, denn der Mantel ist ganz naß.« – Das fiel der Veronika schwer aufs Herz, denn sie merkte nun wohl, daß nicht ein Traum sie gequält, sondern daß sie wirklich bei der Alten gewesen. Da ergriff sie Angst und Grausen und ein Fieberfrost zitterte durch alle Glieder. Im krampfhaften Erbeben zog sie die Bettdecke fest über sich, aber da fühlte sie, daß etwas hartes ihre Brust drückte, und als sie mit der Hand darnach faßte, schien es ein Medaillon zu sein; sie zog es hervor, als Fränzchen mit dem Mantel fortgegangen, und es war ein kleiner runder hell polierter Metallspiegel. »Das ist ein Geschenk der Alten«, rufte sie lebhaft und es war, als schössen feurige Strahlen aus dem Spiegel, die in ihr Innerstes drangen und es wohltuend erwärmten. Der Fieberfrost war vorüber und es durchströmte sie ein unbeschreibliches Gefühl von Behaglichkeit und Wohlsein. –

Theodor Fontane

Ein Geist am Bett?

Und nun entfernte sich Johanna; Effi aber ging auf ihr Bett zu und wickelte sich in ihre Decken.

Sie ließ das Licht brennen, weil sie gewillt war, nicht gleich einzuschlafen, vielmehr vorhatte, wie vorhin ihren Polterabend, so jetzt ihre Hochzeitsreise zu rekapitulieren und alles an sich vorüberziehen zu lassen. Aber es kam anders, wie sie gedacht, und als sie bis Verona war und nach dem Hause der Julia Capulet suchte, fielen ihr schon die Augen zu. Das Stümpfchen Licht in dem kleinen Silberleuchter brannte allmählich nieder, und nun flackerte es noch einmal auf und erlosch.

Effi schlief eine Weile ganz fest. Aber mit einem Male fuhr sie mit einem lauten Schrei aus ihrem Schlafe auf, ja, sie hörte selber noch den Aufschrei und auch wie Rollo draußen anschlug; – »wau, wau« klang es den Flur entlang, dumpf und selber beinah ängstlich. Ihr war, als ob ihr das Herz stillstände; sie konnte nicht rufen, und in diesem Augenblicke huschte was an ihr vorbei, und die nach dem Flur hinausführende Tür sprang auf. Aber eben dieser Moment höchster Angst war auch der ihrer Befreiung, denn, statt etwas Schrecklichem, kam jetzt Rollo auf sie zu, suchte mit seinem Kopf nach ihrer

Hand und legte sich, als er diese gefunden, auf den vor ihrem Bett ausgebreiteten Teppich nieder. Effi selber aber hatte mit der andern Hand dreimal auf den Knopf der Klingel gedrückt, und keine halbe Minute, so war Johanna da, barfüßig, den Rock über dem Arm und ein großes kariertes Tuch über Kopf und Schulter geschlagen.

»Gott sei Dank, Johanna, daß Sie da sind.«

»Was war denn, gnäd'ge Frau? Gnäd'ge Frau haben geträumt.«

»Ja, geträumt. Es muß so was gewesen sein ... aber es war doch auch noch was anderes.«

»Was denn, gnäd'ge Frau?«

»Ich schlief ganz fest, und mit einem Male fuhr ich auf und schrie ... vielleicht, daß es ein Alpdruck war ... Alpdruck ist in unserer Familie, mein Papa hat es auch und ängstigt uns damit, und nur die Mama sagt immer, er solle sich nicht so gehen lassen; aber das ist leicht gesagt ... ich fuhr also auf aus dem Schlaf und schrie, und als ich mich umsah, so gut es eben ging in dem Dunkel, da strich was an meinem Bett vorbei, gerade da, wo Sie jetzt stehen, Johanna, und dann war es weg. Und wenn ich mich recht frage, was es war ...«

»Nun was denn, gnäd'ge Frau?«

»Und wenn ich mich recht frage ... ich mag es nicht sagen, Johanna ... aber ich glaube der Chinese.«

»Der von oben?« und Johanna versuchte zu lachen, »unser kleiner Chinese, den wir an die Stuhllehne geklebt haben, Christel und ich. Ach, gnäd'ge Frau haben geträumt, und wenn Sie schon wach waren, so war es doch alles noch aus dem Traum.«

»Ich würd' es glauben. Aber es war genau derselbe Augenblick, wo Rollo draußen anschlug, der muß es also auch gesehen haben, und dann flog die Tür auf, und das gute, treue Tier sprang auf mich los, als ob es mich zu retten käme. Ach, meine liebe Johanna, es war entsetzlich. Und ich so allein, und so jung. Ach, wenn ich doch wen hier hätte, bei dem ich weinen könnte. Aber so weit von Hause ... Ach, von Hause ...«

»Der Herr kann jede Stunde kommen.«

»Nein, er soll nicht kommen; er soll mich so nicht sehen. Er

würde mich vielleicht auslachen, und das könnt' ich ihm nie verzeihen. Denn es war so furchtbar, Johanna ... Sie müssen nun hierbleiben ... Aber lassen Sie Christel schlafen und Friedrich auch. Es soll es keiner wissen.«
»Oder vielleicht kann ich auch die Frau Kruse holen; die schläft doch nicht, die sitzt die ganze Nacht da.«
»Nein, nein, die ist selber so was. Das mit dem schwarzen Huhn, das ist auch so was; die darf nicht kommen. Nein, Johanna, Sie bleiben allein hier. Und wie gut, daß Sie die Läden nur angelegt. Stoßen Sie sie auf, recht laut, daß ich einen Ton höre, einen menschlichen Ton, ... ich muß es so nennen, wenn es auch sonderbar klingt ... und dann machen Sie das Fenster ein wenig auf, daß ich Luft und Licht habe.«
Johanna tat, wie ihr geheißen, und Effi fiel in ihre Kissen zurück und bald danach in einen lethargischen Schlaf.

Gustav Meyrink

Das Fieber

Alchimist: Wer bist du, trübes Ding im Glase hier, sag an.
Der Stoff in der Retorte: Ater corvus sum.

Es war einmal ein Mann, den verdroß die Welt so sehr, daß er beschloß, im Bette liegen zu bleiben. Jedesmal, wenn er aufwachte, wälzte er sich auf die andere Seite, und so gelang es ihm, jedesmal noch ein bißchen weiterzuschlafen.
Aber eines Tages ging es durchaus nicht mehr. Es ging nicht mehr und ging nicht mehr.
Da lag der Mann im Bette und blieb ganz unbeweglich, aus Furcht, es werde ihn frösteln, wenn er seine Lage verändere.
Von seinem Kopfkissen aus war er gezwungen, durch das Fenster ins Freie zu sehen, und eben jetzt, wo er ganz ausgeschlafen war, ging es dem Sonnenuntergang zu.

Eine breite, goldgelbe Wunde klaffte quer über den Himmel unter einem dunklen Wolkenkopf hervor.
Es geht nicht an, gerade um diese unglückselige Stunde herum aufzustehen, sagte der Mann zähneklappernd, - und fürchtete sich noch mehr vor dem Frösteln als vorher, - auch für einen, den das Leben nicht so verdrießt, wie mich. Elend stierte er wieder in das Abendgelb unter dem glimmenden Nebelsaum.
Eine schwarze Wolke hatte sich losgetrennt, wie ein geschwungener Flügel geformt, mit befiedertem Rand.
Da kroch langsam im Hirn des Mannes - mit den flaumigen Umrissen eines pelzigen Muffs eine Erinnerung an einen Traum aus ihrer Höhle heraus. An einen Traum von einem Raben, der ein Herz ausgebrütet.
Und die ganze Zeit seines Schlafes über hatte er sich mit diesem Traum herumgeschlagen. Dessen war sich der Mann jetzt deutlich bewußt.
Ich muß es herausbekommen, wem dieser Flügel gehört, sagte er, stieg im Hemde aus dem Bett - und die Treppe hinunter auf die Straße. Immer weiter ging er so, immer dem Sonnenuntergang zu.
Die Leute aber, denen er begegnete, raunten: »Pst, pst, pst, leise, leise, er träumt doch das alles bloß!«
Nur der beeidete Hostienbäcker Vrieslander glaubte sich einen Spaß machen zu dürfen. Er stellte sich ihm in den Weg, spitzte den Mund und machte runde Augen wie ein Fisch. Sein dünner Schneiderbart schien noch gespenstischer als sonst. Mit den mageren Armen und Fingern machte er eine verrenkte sinnlose Geste und verdrehte die Beine ganz seltsam. »Ssst, ssst, nur gemach, hörst du«, flüsterte er dem Manne giftig zu, »ich bin das Kichern, weißt du, das Kich... « und schnellte plötzlich das spitze Knie zur Brust empor, riß den Mund auf und wurde bleifarben im Gesicht, als habe ihn mitten in seiner tänzelnden Stellung der Tod ereilt.
Dem Manne im Hemde sträubte sich das Haar vor Grauen, und er lief aus der Stadt hinaus. - - - Über Wiesen und Stoppelfel-

der, immer dem Sonnenuntergange zu, und immer mit bloßen Füßen.
Zuweilen trat er auf einen Frosch.
- - - - Erst in der Nacht, als sich längst der glühende Riß am Himmel wieder geschlossen, erreichte er die weiße, langgestreckte Mauer, hinter der der Wolkenfittich verschwunden war.
Er setzte sich auf einen kleinen Hügel. Ich bin hier auf dem Friedhof, je nun, sagte er sich und sah um sich, je nun, das kann ein arger Kitsch werden. Aber ich muß doch erfahren, wem der Flügel eigentlich gehört!
Als die Nacht vorrückte, wurde ihr Schein allmählich heller, und der Mond kroch langsam über die Mauer. Eine gewisse Art dämmernden Erstaunens legte sich an den Himmel.
Wie der Mondglanz grell auf den Flächen schwamm, schlüpften hinter den Grabsteinen, an den Seiten, die dem Lichte abgewandt waren, blauschwarze Vögel aus der Erde und flogen lautlos in Scharen auf die kalkbetünchte Mauer. Dann lag eine lange Zeit eine leichenhafte Unbeweglichkeit auf allem.
Es ist der dunkle Wald in der Ferne, der aus den Nebeln taucht, natürlich, und in der Mitte der runde Kopf: das ist der Hügel mit seinen Bäumen, träumte der Mann im Hemde, doch als seine Augen schärfer sahen, da war es ein riesiger Rabe, der mit ausgespannten Schwingen auf der anderen Mauer saß.
Ah, der Flügel, - besann sich der Mann und war sehr zufriedengestellt, der Flügel - - - Und der Vogel brüstete sich: »Ich bin der Rabe, der die Herzen ausbrütet. Wenn einem Menschen ein Sprung am Herzen geschieht, so fahren sie ihn schnell heraus zu mir.« Dann flog er von der Mauer herab auf einen Marmorstein, und der Wind von seinem Flügelschlag roch wie verwelkte Blumen.
Unter dem Marmorstein aber lag einer seit heute morgen bei seiner Familie.

Der Mann im Hemde buchstabierte einen Namen und wurde sehr neugierig, was für ein Vogel aus diesem gesprungenen Herzen kriechen würde, denn der Verstorbene war ein bekannter Menschenfreund gewesen, hatte sein ganzes Leben für Aufklärung gewirkt, nur Gutes getan und gesprochen, die Bibel gereinigt und erhebende Bücher geschrieben. Seine Augen schlicht und ohne Falsch - wie Spiegeleier, - stets hatten sie Wohlwollen gestrahlt im Leben, und auch jetzt noch im Tode stand:

»Üb immer Treu und Redlichkeit
bis an dein kühles Grab
und weiche keinen Finger breit
vom Weg des Rechten ab«

in goldenen Lettern auf seiner Gruft.
Der Mann im Hemde war sehr gespannt. Aus dem Grabe drang leises Knistern, wie sich der junge Vogel aus dem Herzen löste, - und da flog's auch schon - pechschwarz - mit Gekrächz hinauf zu den andern auf die Mauer. - - »Das war aber doch wirklich vorauszusehen; - oder? Haben Euer Liebden vielleicht ein Rebhuhn erwartet?« spottete der Rabe.
»Etwas Weißes hat er doch«, sagte der Mann verbissen und meinte damit eine leichte helle Feder, die deutlich abstand.
Der Rabe lachte. »Der Gänseflaum? - Der ist doch nur angeklebt. Vom Daunenkissen, worauf der Tote immer schlief!« und weiter flog er von Grab zu Grab und brütete da und brütete dort, und überall wurde es flügge und kam schwarz aus dem Boden geflattert.
»Alle, alle sind sie schwarz?« fragte der Mann beklommen nach einer Weile.
»Alle, alle sind sie schwarz!« brummte der Rabe.
Da bereute der Mann im Hemde, daß er nicht in seinem Bette geblieben war.
Und wie er empor zum Himmel blickte, standen die Sterne voll Tränen und blinzelten. Nur der Mond glotzte vor sich hin und begriff nicht.
Auf einem Kreuz aber saß mit einemmal regungslos ein Rabe, der glänzte schneeweiß. Und es schien, als käme all der Schimmer der Nacht von ihm. Der Mann sah ihn erst, als er zufällig

den Kopf nach ihm wandte. Auf dem Kreuz die Inschrift nannte den Namen eines, der war ein Müßiggänger gewesen ein Leben lang.
Der Mann im Hemde kannte ihn gut. Und er sann lange nach.
»Welche Tat hat denn sein Herz so weiß gemacht?« fragte er endlich.
Der schwarze Rabe aber war mürrisch und mühte sich unablässig, über seinen eigenen Schatten zu springen.
»Welche Tat, welche Tat, welche Tat?« quälte der Mann ruhelos.
Da fuhr der Rabe zornig auf: »Glaubst du, *Taten* können weiß machen? Du ... Du ... *kannst* ja nicht einmal eine Tat *tun!* – Eher spränge ich noch über meinen Schatten. Der morsche Hampelmann auf dem kleinen Grab – siehst du ihn?, er gehörte einst dem Kinde dort unten – der morsche Hampelmann glaubte auch eine lange Zeit, er fuchtle in der Welt herum. Weil er die Schnüre nicht sah, an denen er hing, und es nicht wahr haben wollte, daß ein Kind mit ihm spiele. Und du!? Und du!? Was glaubst du wohl, wird mit *dir* sein, wenn das – – ›Kind‹ ein anderes Spielzeug sucht!; – Wirst alle viere von dir strekken und ver... «, der Rabe blinzelte listig zur Mauer hin, – »und ver –« »– – – recken!« krächzte die Rabenschar, fröhlich, daß sie auch einmal dran kam.
Da erschrak der Mann im Hemde ganz außerordentlich.
»Und was denn sonst hat sein Herz so weiß gemacht? Hörst du denn nicht, – was denn sonst hat sein Herz so weiß gemacht?« fragte er.
Unschlüssig trat der Rabe von einem Bein aufs andere: »Es muß wohl die Sehnsucht gewesen sein. Die Sehnsucht nach etwas Verborgenem, das ich nicht kenne und auf der Erde nirgends gefunden habe. Wir alle sahen seine Sehnsucht wachsen wie ein Feuer und begriffen es nicht; – es verbrannte sein Blut und endlich sein Hirn – – wir begriffen es nicht – –«
Den Mann im Hemde faßte es eiskalt an: – – – – Es Schien Das Licht In Der Finsternis, Und Die Finsternisse Haben Es Nicht Begriffen – –!

– – – »ja, wir begriffen es nicht«, fuhr der Rabe fort, »doch einer der gigantischen schimmernden Vögel, die im Weltenraume unbeweglich schweben seit Anbeginn, erspähte die flammende Lohe und stieß herab. – Wie Weißglut. Und Er hat auf jenes Menschen Herz gebrütet Nacht um Nacht.«
Scharfe Bilder traten dem Mann im Hemde vor das Auge, Bilder, die in seinem Gedächtnis nicht hatten sterben können, – Geschehnisse im Schicksal des Müßiggängers, die immer noch von Mund zu Mund gingen unter den Leuten: – Er sah jenen Menschen unter dem Galgen stehen – – der Henker zog ihm die leinene Maske übers Gesicht – – die Feder, die das Brett unter den Füßen des armen Sünders kippen sollte, weigerte sich, – da führten sie ihn weg und rückten das Brett zurecht.
Und wieder ordnete der Henker die leinene Maske – – und wieder versagte die Feder. Und als nach einem Monat abermals der Mensch dort stand, die leinene Maske über den Augen, – – da brach die Feder.
Die Richter aber ergrimmten und bissen die Zähne zusammen über – – den Zimmermann, der den Galgen so schlecht gezimmert hatte.

Dann verschwand die Vision. –
»Und was ist aus dem Menschen geworden?« fragte voll Grauen der Mann im Hemde.
»Ich habe sein Fleisch gefressen und seine Gebeine, die Erde ist kleiner geworden um das Stück, das sein Leib groß war«, sagte der weiße Rabe.
»Ja, ja«, flüsterte der schwarze, »sein Sarg ist leer, er hat das Grab betrogen.«
– – Das hörte der Mann, und sein Haar sträubte sich, er zerriß sein Hemd über der Brust und lief hin zu dem weißen Vogel, der auf dem Kreuze saß: »Brüte mein Herz, brüte mein Herz! Mein Herz ist voll Sehnsucht – – –!« Doch der *schwarze* Rabe warf ihn mit den Schwingen zur Erde und setzte sich schwer auf ihn – – die Luft roch nach sterbenden Blumen – – »Daß Euer Liebden nur nicht irren: Gier und nicht Sehnsucht schläft in

Euer Liebden Herz! ja, das möchte mancher gerne probieren vor dem Kre - - -«, listig blinzelte er zur Mauer hin, »– vor dem Kre - - -?« »– - - pieren!« pfiff die Rabenschaar, entzückt, daß sie schon wieder dran kam:
- Die Hitze seines Leibes ist fremdartig und erregend wie das Fieber, fühlte der Mann, dann zerflatterte sein Bewußtsein.
Als er nach langem Schlaf erwachte, da stand der Mond gerade im Zenit und starrte ihm ins Gesicht.
Der Glanz hatte die Schatten getrunken und troff an den Steinen herab von allen Seiten.
Die schwarzen Raben waren fortgeflogen.
Noch hatte der Mann ihr hämisches Gekrächz in den Ohren und verdrossen stieg er über die Mauer in sein Bett.
Schon stand da auch im schwarzen Rock der Herr Medizinalrat, faßte seinen Puls, schloß die Augen hinter der goldenen Brille und babbelte lang und unhörbar mit der Unterlippe. Suchte dann umständlich in seinem Taschenbuch und schrieb auf einen Zettel heraus:

Rp:
Cort. chin. reg. rud. tus 3ß
coque c. suff. quant. vini rubri, per horam. . . . . j
ad colat. 3viij
cum hac inf. herb. abs. 3j
postea solve
acet. lix 3j
tunc adde
syr. cort. aur. 3ß
M. d. ad
vitr. s.
3 mal täglich ein Eßlöffel.

Und als er damit fertig war, schritt er mit Weihe zur Türe, sah noch einmal zurück und sagte geheimnisvoll, den Zeigefinger würdig erhoben:
»Gögön das Fübör, gögön das Fübör.«

TräumerInnen – sie träumen und erzählen

Es ist eine bekannte Tatsache, daß Träume oft viel stärker auf uns wirken als wirkliche Erlebnisse. Woher kommt das? Weil das Erlebnis immer eine viel geringere Realität hat als die Phantasie.

Egon Friedell

Jakob, der Träumer

Aber Jakob zog aus von Beerseba und machte sich auf den Weg nach Haran und kam an eine Stätte, da blieb er über Nacht, denn die Sonne war untergegangen. Und er nahm einen Stein von der Stätte und legte ihn zu seinen Häupten und legte

Jakobs Traum von der Himmelsleiter, *1. Mose 28, 10–19*

sich an der Stätte schlafen. Und ihm träumte, und siehe, eine Leiter stand auf Erden, die rührte mit der Spitze an den Himmel, und siehe, die Engel Gottes stiegen daran auf und nieder.

Rainer Maria Rilke

Der Träumer

I

Es war ein Traum in meiner Seele tief.
Ich horchte auf den holden Traum:
ich schlief.
Just ging ein Glück vorüber, als ich schlief,
und wie ich träumte, hört ich nicht:
es rief.

II

Träume scheinen mir wie Orchideen. –
So wie jene sind sie bunt und reich.
Aus dem Riesenstamm der Lebenssäfte
ziehn sie just wie jene ihre Kräfte,
brüsten sich mit dem ersaugten Blute,
freuen in der flüchtigen Minute,
in der nächsten sind sie tot und bleich. –
Und wenn Welten oben leise gehen,
fühlst du's dann nicht wie von Düften wehen?
Träume scheinen mir wie Orchideen. –

Klabund

Die Liebe ein Traum

Ein letzter Kuß streift ihre Wimpern, und
Ermattet von der Lust schließt sie die schönen,
Die müden Augen, atmet tief – und schläft.
Schon hebt sich leicht die Brust,
Senkt leicht sich
Dem Traum entgegen
Wie Mond dem Meer,
Wie Welle sich an Welle schmiegt
Und fällt
Und steigt.
Ich rühr mich kaum, damit ich sie nicht wecke,
Doch wie ihr leiser Atem mich
Wie Mohnduft trifft,
Bin ich entzündet und vom stummen Glanz der Glieder
Entflammt.
Ich neige mich zu ihr und liebe sanft
Die Schlafende, die einmal nur im Traum
Wie eine Taube
Verschlafen gurrt
Und seufzt. –
Sie träumt
Vielleicht,
Daß ich sie liebe …

Heinrich Heine

Ich hab' im Traum' geweinet

Ich hab' im Traum' geweinet,
Mir träumte du lägest im Grab'.
Ich wachte auf und die Thräne
Floß noch von der Wange herab.

Ich hab' im Traum' geweinet,
Mir träumt' du verließest mich.
Ich wachte auf, und ich weinte
Noch lange bitterlich.

Ich hab' im Traum' geweinet,
Mir träumte du bliebest mir gut.
Ich wachte auf, und noch immer
Strömt meine Thränenfluth.

Georg Christoph Lichtenberg

Traum eines Naturforschers

Mir war, als schwebte ich weit über der Erde einem verklärten Alten gegenüber, dessen Ansehen mich mit etwas viel Höherem als bloßem Respekt erfüllte. So oft ich meine Augen gegen ihn aufschlug, durchdrang mich ein unwiderstehliches Gefühl von Andacht und Vertrauen, und ich war eben im Begriff, mich vor ihm niederzuwerfen, als er mich mit einer Stimme von unbeschreiblicher Sanftheit anredete. »Du liebst die Untersuchung der Natur«, sagte er, »hier sollst du etwas sehen, das dir nützlich sein kann.« Indem er dieses sagte, überreichte er mir eine bläulichgrüne und hier und da ins Graue spielende Kugel, die er zwischen dem Zeigefinger und Daumen hielt. Sie schien mir etwa einen Zoll im Durchmesser zu haben. »Nimm dieses Mineral«, fuhr er fort, »prüfe es und sage mir, was du gefunden hast. Du findest da hinter dir alles, was zu solchen Untersuchungen nötig ist, in höchster Vollkommenheit; ich will mich nun entfernen, bin aber zu rechter Zeit wieder bei dir.« Als ich mich umsah, erblickte ich einen schönen Saal mit Werkzeugen aller Art, der mir im Traum nicht so fremd schien als nachher beim Erwachen. Es war mir, als wäre ich öfter da gewesen, und ich fand, was ich nötig hatte, so leicht, als hätte ich alles selbst vorher hingelegt. Ich besah, befühlte und beroch nunmehr die Kugel, ich schüttelte und behorchte sie wie einen Adlerstein; ich brachte sie an die Zunge; ich wischte den Staub und eine Art von kaum merklichem Beschlag mit einem reinen Tuche ab, erwärmte sie und rieb sie auf Elektrizität am Rockärmel; ich probierte sie gegen den Stahl, das Glas und den Magneten und bestimmte ihr spezifisches Gewicht, das ich, wo ich mich recht erinnere, zwischen vier und fünf fand. Alle diese Proben fielen so aus, daß ich wohl saß, daß das Mineral nicht sonderlich viel wert war; auch erinnerte ich mich, daß ich in meiner Kindheit von dergleichen Kugeln, oder doch nicht sehr verschiedenen, drei für einen Kreuzer auf der Frankfurter Messe gekauft hatte. Indes schritt ich doch nun zu der chemischen Prüfung und bestimmte die Bestandteile in Hundertteilen des Ganzen. Auch hier ergab sich nichts Sonderliches. Ich fand etwas Tonerde, ungefähr ebensoviel Kalkerde, aber ungleich mehr Kieselerde, endlich zeigte sich noch Eisen und etwas Kochsalz und ein unbekannter Stoff, wenigstens einer, der zwar manche Eigenschaften der bekannten hatte, dafür aber wieder eigene. Es tat mir leid, daß ich den Namen meines Alten nicht wußte, ich hätte ihn sonst gern dieser Erde beigelegt, um ihm auf meinem Zettelchen ein Kompliment zu machen. Übrigens muß ich sehr genau bei meinen Untersuchungen verfahren sein, denn als ich alles zusammenaddiert, was ich gefunden hatte, so machte es genau hundert.

Soeben hatte ich den letzten Strich in meiner Rechnung gemacht, als der Alte vor mich hintrat. Er nahm das Papier und las es mit einem sanften Lächeln, das kaum zu bemerken war. Hierauf wandte er sich mit einem Blick voll himmlischer Güte, mit Ernst gemischt, gegen mich und fragte, »weißt du wohl, Sterblicher, was das war, was du da geprüft hast?« Der ganze Ton und Anstand, womit er dieses sprach, verkündigte nunmehr deutlich den Überirdischen. »Nein! Unsterblicher«, rief ich, indem ich mich vor ihm niederwarf »ich weiß es nicht.« Denn auf mein Zettelchen wollte ich mich nun nicht mehr berufen.

Der Geist: So wisse, es war, nach einem verjüngten Maßstabe, nichts Geringeres als – die ganze Erde.

Ich: Die Erde? – Ewiger, großer Gott! und das Weltmeer mit allen seinen Bewohnern, wo sind denn die?

Er: Dort hängen sie in deiner Serviette, die hast du weggewischt.

Ich: Ach! und das Luftmeer und alle die Herrlichkeit des festen Landes!

Er: Das Luftmeer? Das wird dort in der Tasse mit destilliertem Wasser sitzen geblieben sein. Und mit deiner Herrlichkeit des festen Landes? Wie kannst du so fragen? Das ist unfühlbarer Staub; da an deinem Rockärmel hängt welcher.

Ich: Aber ich fand ja nicht eine Spur von Silber und Gold, das den Erdkreis lenkt!

Er: Schlimm genug. Ich sehe, ich muß dir helfen. Wisse: mit deinem Feuerstahl hast du die ganze Schweiz und Savoyen und den schönsten Teil von Sizilien heruntergehauen und von Afrika einen ganzen Strich von mehr als tausend Quadratmeilen, vom Mittelländischen Meer bis an den Tafelberg, völlig ruiniert und umgewendet. Und dort auf jener Glasscheibe – o! soeben sind sie heruntergeflogen – lagen die Kordilleren; und was dir vorhin beim Glasschneiden ins Auge sprang, war der Chimborasso.

Ich verstand und schwieg. Aber neun Zehnteile meines noch übrigen Lebens hätte ich darum gegeben, wenn ich meine chemisch zerstörte Erde wiedergehabt hätte. Allein, um eine andere bitten, einer solchen Stirne gegenüber, das konnte ich nicht. Je weiser und gütiger der Geber war, desto schwerer wird es dem Armen von Gefühl, ihn zum zweitenmal um eine Gabe anzusprechen, sobald sich der Gedanke in ihm regt, er habe von der ersten vielleicht nicht den besten Gebrauch gemacht. Aber eine neue Bitte, dachte ich, vergibt dir wohl dieses verklärte Vatergesicht: »O!« rief ich aus, »großes, unsterbliches Wesen, was du auch bist, ich weiß, du kannst es, vergrößere mir ein Senfkorn bis zur Dicke der ganzen Erde und erlaube mir, die Berge und Flöze darauf zu untersuchen, bis zur Entwicklung des Keims, bloß der Revolutionen wegen.« »Was würde dir das helfen?« war die Antwort. »An deinem Planeten hast du ja schon ein Körnchen für dich zur Dicke der Erde vergrößert. Da prüfe. Vor deiner Umwandlung kommst du nicht auf die andere Seite des Vorhangs, die du suchst, weder auf diesem, noch einem anderen Körnchen der Schöpfung. Hier nimm diesen Beutel, prüfe, was darin ist und sage mir, was du gefunden hast.« Beim Weggehen setzte er fast scherzend hinzu: »Verstehe mich recht, chemisch prüfe es, mein Sohn; ich bleibe dieses Mal länger aus.« –

Wie froh war ich, als ich wieder was zu untersuchen hatte; denn nun, dachte ich, will ich mich besser in acht nehmen. Gib acht, sprach ich zu mir selbst, es wird glänzen, und wenn es glänzt, so ist es gewiß die Sonne oder sonst ein Fixstern. Als ich den Beutel aufzog, fand ich, ganz wider meine Erwartung, ein Buch in einem nicht glänzenden, einfachen Bande. Die Sprache und Schrift desselben waren keine der bekannten, und obgleich die Züge mancher Zeilen, flüchtig angesehen, ziemlich so ließen, so waren sie es, näher betrachtet, doch ebensowenig als die verwickeltsten. Alles, was ich lesen konnte, waren die Worte auf dem Titelblatt: Dieses prüfe, mein Sohn, aber chemisch, und sage mir, was du gefunden hast. Ich kann nicht leugnen, ich fand mich etwas betroffen in meinem weitläufigen Laboratorium. Wie? sprach ich zu mir selbst, ich soll den Inhalt eines Buchs chemisch untersuchen?

Der Inhalt eines Buchs ist ja sein Sinn, und chemische Analyse wäre hier Analyse von Lumpen und Druckerschwärze. Als ich einen Augenblick nachdachte, wurde es auf einmal helle in meinem Kopf, und mit dem Licht stieg unüberwindliche Schamröte auf. O! rief ich lauter und lauter, ich verstehe, ich verstehe! Unsterbliches Wesen, o vergib, vergib mir; ich fasse deinen gütigen Verweis! Dank dem Ewigen, daß ich ihn fassen kann! - Ich war unbeschreiblich bewegt, und darüber erwachte ich.

Gert Jonke

Telamonen träumen nicht

Als er wieder erwachte, waren alle in ratlos hellster Aufregung über ihn und seine, wie sie zunächst vermutet hatten, somit endlich überstandene vermeintliche Krankheit, einige hatten ihn beinah schon in ein bewegungslos zerbröckelndes Zeitlosigkeitssterben abgeschrieben gehabt, in sich eingestürzt zur Geröllhalde eines ihnen eindeutig rätselhaften Zeitverlustigkeitstodes.
Jedenfalls habe man ausreichend Angst gehabt um ihn, befürchtet, er werde weiter liegen bleiben, zu wolkig verdampfenden Luftfetzchen aufgelöst in den Abend fortfließen, aber endlich er sich nun wieder erhoben.
Ich habe nur ein wenig geschlafen, sagte Burgmüller darauf, er sei ganz müde, erschöpft gewesen wie lange nicht mehr, habe gut geruht wie lange nicht zuvor, aber was denn daran so besonders ungewohnt ihnen erschienen, was sie denn alle auf einmal mit oder womöglich gegen ihn hätten?
Geschlafen? Müde? Aber was denn das?!
Ich war in einen tiefen Schlaf versunken, erzählte er und ver-

suchte, den Grad der ihm dabei widerfahrenen Erholung zu definieren.
Schlaf?! Ja was denn das sei warum auf was hinauf wie und woher das wohin führe?!
Zunächst wollte Burgmüller ihnen seine schon wieder vergessenen Träume wenigstens andeuten, aber sie verstanden nicht; Träume?, was denn das sei; bis Burgmüller endlich begriff, daß die Telamonen bis zu jenem Punkt ihres Daseins noch nie etwas vom Schlaf, von Schläfern, schlafenden Träumern gehört hatten, denn jede Art von Müdigkeit oder Erschöpfung war ihnen bislang völlig unbekannt geblieben.
Nein, sie hatten bis damals nicht gewußt, was Schlaf ist, wozu er gut, was und wem dienlich; was hätten sie darüber auch entfernt Näheres wissen sollen, da ihnen alles nur andeutungsweise Einschlafen nicht vorgesehen war, weil schon beim geringsten Anflug einer telamonischen Müdigkeit die Häuser der halben Stadt knieweich zusammengesackt wären, eingebrochen zur Marmorschlafnacht in der Trostlosigkeit der Traumkatastrophenschutthaldengebirge eingestürzter Mauern niedergebrannter Bauten versunkener Städte aus fahrlässig vergessenen Kriegen, ja, das wäre dann ganz gleich gewesen wie in einem Krieg, einem *telamonischen Schlafkrieg* der Karyatiden gegen die Stadt.
Selbst das Wort »Schlaf« war ihnen bis damals unbekannt, in ihrer Sprache gar nicht vorgekommen.
Sie waren noch nie müde, nie erschöpft gewesen, sondern gefangen in versteinerter Wachsamkeit, eingemauert vom Bedürfnis zeitlos bewährter Schlaflosigkeit. Deshalb hatte Burgmüller zunächst große Mühe, ihnen annähernd begreifbare Erklärungen darzulegen; er begann mit dem Wort »Schlaf«, erläuterte wochenlang immer wieder, was damit gemeint, bezeichnet, dargestellt, um es ihnen samt allen damit verwandten Phänomenen liebevoll ganz detailgetreu näherzubringen, um ihnen wenigstens versuchsweise das Schlafen verständlich oder einsichtiger werden zu lassen.

Bald waren die Telamonen von dem für sie völlig neuen und rätselhaften Phänomen so fasziniert, daß sie mehr und mehr darüber zu wissen verlangten, weil ihnen nach und nach das Schlafen als eine ihnen plötzlich erschlossene Möglichkeit einer neuen weiträumigen Kunstform erschien, der man das Staunen großer Bewunderung entgegenzubringen sich nicht entziehen konnte.
Ja, es war eine schöne Zeit damals in seinem Leben, vielleicht eine der schönsten überhaupt je; unter seiner hochgeschätzten Fachleitung begannen die Karyatiden und Atlanten fast der ganzen Stadt mit theoretisch genauen Schlafgrundlagenforschungen, seine als Vorsitzender ihrer steinernen Versammlungen pausenlos gehaltenen ausführlichen Schlafvorträge und daran angeschlossenen Traumseminare über die gesamten mit diesem Forschungsgebiet verbundenen Phänomenologien des Halbschlafs, Tiefschlafs, Mittagsschlafs, Tagtraums, der Traumnacht oder gleichfalls des Schlafzeitraums vor und nach Mitternacht erfreuten sich größter Beliebtheit und besten Erfolges, der an den Verputz ihrer kommenden Tage und Nächte gelegte fachbezügliche Wissenseifer und die damit verbundene Wachsamkeit waren enorm.

Bald darauf traten die Telamonen mit der besonders innigen Bitte an Burgmüller heran, doch nun endlich zum praktischen Teil der Übungen überzugehen, ersuchten ihn hiemit um seinen Schlaf, baten ihn, möglichst intensiv das Schlafen von der Dämmerung des Einschlafens bis zum Morgengrauen des Erwachens in aller Deutlichkeit samt allen damit sich ergebenden Möglichkeiten, von der Theorie zur Praxis übergehend, wie gesagt, so oft wie möglich vorzuführen.

So begann die ruhigste und bewußtloseste Zeit in Burgmüllers Leben, als er ständig so gut wie fast immer nur schlief, weil die Telamonen nicht genug davon bekommen konnten, das Schlafen seiner Gestalt zu betrachten, die Tanzvorführungen seiner Träume; seine Schlafdarbietungen galten bald als ein wunder-

bar fremdartig friedlich anmutendes Gesamtkunstwerk, das in seiner weiten Unüberschaubarkeit von ihm mit seiner Gestalt unübertrefflich in die Luft der damaligen Tagnächte und Nachttage geworfen wurde.
Deshalb wurde seine Figur möglichst lückenlos von Haus zu Haus gereicht, von Karyatide zu Atlant, um seine Schlafkonzerte, Schläferstücke, Träumerserenaden, Müdigkeitstragödien, Erschöpfungskomödien weiter zu verbreiten, immer erregter zu bestaunen als das ihnen zum erläuternd verklärenden Sinn ihres starren Daseins noch fehlende letzte oder vorletzte Geheimnis zur schleierhaften Auflösung ihrer Weltformelversteinerungsgleichung.
Fast unnötig zu erwähnen, daß viele von ihnen auch in die letzten der für sie unergründlich hoch schwebenden Traumtiefen vorzudringen versuchten mit dem dabei zunächst heimlich gefaßten Ziel, den Schlaf selbst zu erlernen.
Vergeblich. Daran kam niemand von ihnen auch nur annähernd heran; wie denn auch? Als hätte Burgmüller umgekehrt versucht, die Zeit einzuatmen statt Luft; nein, keinen einzigen Tag hätte er in sich untergebracht.

Dennoch oder gerade deshalb wurden seine schnarchend ihrer Jahrhunderte überdauernden Atemlosigkeit gewidmeten Vorführungen immer begehrter; kaum erwacht, wurde er umgehend zu einer neuerlichen Schlafdemonstration verpflichtet.
So nahm er immer stärkere Schlaftabletten und Schlafgetränke ein, denn naturgemäß ist es unmöglich, so gut wie immer, ohne sich zu verstellen, ehrlich zu schlafen, noch dazu im Rahmen öffentlicher Kunstdemonstrationen, wie er sie in seiner neuen Funktion als der unter ihnen sehr bekannt und berühmt gewordene sowohl schöpferische Schlafkünstler einerseits, als auch nachschöpferisch tätige Schlafinterpret andererseits abhielt. Sie zu beschwindeln, indem er sich bei seinen Auftritten, ohne zu schlafen, nur schlafend gestellt hätte, konnte er ihnen unmöglich weder antun noch zumuten, weil

sie erstens solchen Dilettantismus nicht verdient und zweitens ohnedies derartige Betrugsversuche schon im Ansatz entlarvt hätten, denn ihre theoretischen Kenntnisse waren inzwischen so verbissen fundiert, daß man ihnen nichts mehr vormachen konnte:
Wenn Burgmüller mit seiner Vorstellung begonnen hatte, zogen die steinernen Frauen zunächst vorsichtig die verwelkten Lidvorhänge seiner Augen hoch, um an der Stellung der Pupillen die Stärke des begonnenen Schlafes zu messen; dann ging man dazu über, langsam seine sackschlaff daliegende Figur locker, luftig, leicht hin und her zu wiegen, auf und ab zu schaukeln, um herauszufinden, ob die Tiefe seines Schlafes zufriedenstellend, dann begannen sie, den Sandsack seines Körpers ordentlich durchzuschütteln, hinauf bis zu den Wolkenruinen des Wetterstadions hochzuwerfen, wieder aufzufangen; ja, und abschließend schleuderten sie ihn vorsichtig langsam über alle Giebel auch der höchsten Stadtdächer hinweg, warfen einander das zerdrückte faltenverwickelte Paket seiner Gestalt zu.

Sobald er wieder erwachte, wurde er gleich der vereinbarten Verpflichtung angehalten, seine Träume zu schildern. Aber wenn ihm während seiner Schlafvorführungen zu sprechen gelang aus der Tiefe seiner Bewußtlosigkeit im Laufe seiner immer unabwendlicheren Albtraumdurchquerungen als Gestalt eines über ihn gekommenen Traums, sodaß die Zuschauer deren Bilderverfolgungsgewalten hautnah erahnten, dann vor allem übertrafen seine Vorführungen alle Erwartungen, nahmen seine Erfolge geradezu triumphale Ausmaße an.

Karl Valentin

Mir hat geträumt

1941

Herr Lang: Ja Herr Kurz, wie einem nur so ein Unsinn träumen kann!

Herr Kurz: Erzählen's mir den Traum, vielleicht hab ich dasselbe auch schon einmal geträumt.

Lang: Unsinn! Jeder hat seine eigenen Träume, das ist doch individuell. Zum Beispiel meine jüngste Tochter, die Otto – die Ottilie will ich sagen – gestern hat s' wieder so schwer geträumt. G'schrien hat s' aus Leibeskräften! »Ganz recht«, hab i g'sagt, »leichtsinnig's Ding, wie oft hab i dir schon das Träumen verboten!«

Kurz: Nun, erzählen Sie mir doch, was Sie geträumt haben!

Lang: Ja – wahrscheinlich war es ein Alpendruck. – Ich – wir – und unser ganzer Gesangverein, 13 Mann, standen auf einem Bahnhof und wollten in den Zug einsteigen. Im Nu seh'n wir, daß dieser Eisenbahnzug nur 12 Wägen hat – wir waren aber 13 Mann. Jetzt hat einer, das war ich, neben dem Zug herlaufen müssen, und einer hat die Hand aus dem hinteren Wagengon rausgestreckt und hat mich geführt. Schon bei den ersten 50 Km hätt' ich's bald nimmer daschnaufen können, denn der Personenzug is ja schneller g'fahrn als der Orientexpreß; weil der Lokomotivführer das g'sehn hat, daß ich neben dem Zug hinten mitlaufe, hat er gemeint, ich bin ein Dieb und will ihm seinen Eisenbahnzug stehlen (im Traum natürlich). Mit dem ganzen Eisenbahnzug sind wir plötzlich in ein Hotel hineing'fahrn und mitten in ein Schlafzimmer hinein; da sind wir 12 Mann ausg'stiegn, der Eisenbahnzug is zum Fenster hinausg'flogn (im Traum natürlich) und wir haben uns ins Bett gelegt. Im Schlafzimmer war aber nur ein Bett; jetzt haben wir 13 Mann uns in ein Bett gelegt – ich war der unterste –. Immer wenn ich aufg'schnauft hab, hat's den obersten Mann an Plâfond hingedrückt. Keiner hat die ganze Nacht keine Minute nicht geschlafen (im Traum natürlich). – Am andern Morgen wollten wir eine Bergpartie machen. Bei einem Käshändler haben wir uns Proviant mitgenommen – einen Papiersack voll flüssigen Lineburger – 10 Kilo. Zwei Mann haben den Sack getragen. Plötzlich reißt der Sack, der Lineburger läuft raus, fängt zu laufen an, läuft über einen Berg hinunter, – g'stunken hat's wie in der Lineburger Heide (natürlich nur im Traum). – Wie wir alle am Bergesgipfel oben waren, fallen wir 13 Stück Mann in eine Gletscherspalte hinunter – 500 mtr. tief – aber wir waren nicht verloren. Unser Tenor sang die Tonleiter und an dieser Tonleiter sind wir wieder hinaufgestiegen – aber nur im Traum natürlich!

Friedrich Hebbel

Über Nacht träumte mir ...

19. März [1838]. Über Nacht hatt' ich einen Traum, der mir deswegen merkwürdig ist, weil er sich so oft (ich hatt' ihn schon früher mehrere Male) in mir wiederholt. Mir träumte nämlich, ich hätte die Idee zu einem Gedicht. Sie gefiel mir sehr; ich ging, wie ich zu tun pflege, mit schnellen Schritten in meinem Zimmer auf und ab und trat zuweilen an den Schreibtisch, um die Verse, so wie sie entstanden, niederzuschreiben. Je mehr ich mich (ich fühlte dies deutlich, ohne mir dessen bewußt zu sein) dem Erwachen näherte, um so weniger war ich mit den Versen zufrieden, und es kam mir zuletzt vor, als ob die Idee überhaupt nichts wert sei. Ich überdachte sie noch einmal, und in derselben Minute, wo ich mich von ihrer Nullität überzeugte, erwachte ich, hatte nun aber auch nicht mehr die leiseste Ahnung von ihr, die mich doch noch kurz zuvor so lebhaft

beschäftigt hatte. – Es ist mir (wenn man über Traumerfahrungen überall räsonnieren darf, was ich bezweifle, da ich glaube, daß sie niemals rein in das Bewußtsein übergehen, weil sie in das Bewußtsein entweder durchaus nicht hineinpassen, oder weil doch der Akt des Erwachens ihnen einen fremdartigen Bestandteil beimischt, der sie gänzlich verändert) – es ist mir schon oft vorgekommen, als ob sich die Seele in Träumen eines veränderten Maßes und Gewichts bedient, wonach sie die Bedeutung der Dinge, die in und außer ihr vorgehen, bestimmt; sie wirkt auf die alte Weise, aber nicht bloß in anderen Stoffen und Elementen, sondern auch, wenn der Ausdruck erlaubt ist, nach einer andern Methode. Hindernisse, mit denen wir wachend nicht in Gedanken zu kämpfen wagen, verfliegen im Traum vor dem Hauch unsres Mundes; an Armseligkeiten, denen wir wachend kaum die Ehre antun würden, sie zu umgehen, bricht sich im Traum unsere ganze Kraft. Ebenso ist es mit Innerlichkeiten; ich bin z. B. überzeugt, daß ich über Nacht nicht erwachte, weil ich wirklich einsah, daß die poetische Idee, dich ich erfaßt hatte, nichts tauge und weil also die Tätigkeit meiner Seele plötzlich stockte; ich bin gewiß, daß die sonderbaren Regungen des Selbstbewußtseins, die dem Erwachen immer vorhergehen und die uns den Traumzustand, in welchem wir uns befinden, mit mißtrauischen Augen betrachten lassen, die poetischen Operationen meiner Seele erstarrten und den eigentlichen Lebenskeim jener zarten Idee, wie plötzlich hinzudringende kalte Luft, töteten, sodaß die Idee paralysiert wurde, *weil* ich erwachte. Ich glaube nicht, daß mich hier jemand, der nicht an sich selbst etwas Ähnliches erlebt hat, verstehen würde, und doch ist mir das alles klar, wie das Einmaleins. Freilich gibt es auch Träume anderer Art, die nur gegen das Positive im Leben, das sich auch in wachendem Zustand jeder anders denken kann, ohne daß dadurch an der Welt selbst auch nur das geringste geändert würde, revolutionieren; es mag sogar Menschen geben, die nur solche Träume haben, das sind dann die *ewigen Philister*.

Wenn sich ein Mensch entschließen könnte, alle seine

Träume, ohne Unterschied, ohne Rücksicht, mit Treue und Umständlichkeit und unter Hinzufügung eines *Kommentars*, der dasjenige umfaßte, was er etwa selbst nach Erinnerungen aus seinem Leben und seiner Lektüre an den Träumen erklären könnte, niederzuschreiben, so würde er der Menschheit ein großes Geschenk machen. Doch so, wie die Menschheit jetzt ist, wird das wohl keiner tun; im stillen und zur eigenen Beherzigung es zu versuchen, wäre auch schon etwas wert.

[...]

7. Juni. Über Nacht träumte mir, ich sähe ein greuliches Tier, welches Miene machte, auch mich zuzuspringen. Mit einem Mal springt mein Hündlein auf mein Bett. Ich erwache, wie dies geschieht, glaube aber, es ist jenes Tier, und stoße vor Entsetzen einen Schrei aus. Gleich darauf träumt mir, ich erzähle Rousseau jenen Traum. So träumte ich also im voraus, was erst einen halben Tag später geschah.

[...]

13. Nov. Über Nacht träumte mir, ich machte ein sehr langes Gedicht, und zwar deklamierte ich es, indem ich es machte, sogleich, ohne irgend anzustoßen, laut in einer Gesellschaft. Ob ich damit zufrieden war, weiß ich nicht, doch weiß ich, daß ich mich über diese neue Gestalt meines Talents im stillen sehr verwunderte.

[...]

[1839] Der Traum ist eine Hülle um das Ich, das Wachen ist eine andere, und alle diese Hüllen bedecken am Ende - ein Nichts. So besteht die Zwiebel aus lauter Häuten, zieht die letzte ab, so ist sie nicht mehr.

Glücksträume

Niemand kann das erträumen, was nicht in ihm bereits im Keime eingeschlossen liegt! Man erträumt nur seine eigenen Wirklichkeiten - - - seine idealen Möglichkeiten!

Peter Altenberg

Jeder Traum, auch der süßeste, hat etwas Quälendes.

Gerhart Hauptmann

Jürg Amann

Traum

Ich träumte vom Fliegen. Ich träumte von einer Art Tarn- oder Narrenkappe, und wenn ich sie aufhatte, brauchte ich nur mit einer Hand an ihrem Zipfel zu ziehen, um mich vom Erdboden zu erheben. Wenn ich meine Position über der Erde verändern wollte, brauchte ich nur mit der Hand am Zipfel so lange in der Luft zu warten, bis sich der Erdball unter mir um die entsprechende Wegstrecke gedreht hatte, dann konnte ich wieder landen. Wenn ich mich allerdings nicht nur auf den Breitengraden bewegen wollte, also von Osten nach Westen oder von Westen nach Osten, sondern auch auf den Längengraden, also von Norden nach Süden oder von Süden nach Norden, in der Richtung der Erdachse, dann mußte ich mich am Zipfel der Kappe zusätzlich ein wenig in die entsprechende Richtung ziehen. Und wenn ich nach Osten wollte und die Geduld nicht aufbrachte zu warten, bis mir der gewünschte Punkt nach der entsprechenden Erddrehung von Westen unter den über dem Erdboden schwebenden Füßen sozusagen entgegenkam, dann blieb mir nichts anderes übrig, als durch einen kräftigen Zug an der Mütze die Erdrotation zu überholen. Von Westen kam einem die Welt ja entgegen, nach Osten flog einem alles davon.

Mit der Zeit verbesserte ich meine Technik so weit, daß es genügte, die Kappe zu tragen, um von ihr getragen zu werden. So bekam ich die Hände frei. Ich lernte im Traum, selber zu fliegen, mit den Armen mächtig rudernd, hügelauf, hügelab über Berge und Täler, über Felder und Wälder und durch den Rosengarten hinter dem Haus knapp über dem Boden oder hoch in den Lüften meine Bahnen zu ziehen. Es ging immer leichter. Im Sturzflug kam ich den Hügel herunter, zog, etwas schwankend, in Schlangenlinien zwischen den Häusern des Dorfes hindurch, um mich vor dem Scheunentor unseres Hofes jäh wieder hochzureißen und abzudrehen zu einem weiteren Anflug, diesmal von der anderen Seite, von unten heran, über die Kronen und Wipfel des Waldes, aus dem Wiesengrund, im Tiefflug über die Ebene, so daß mir die Gräser und Ähren den Bauch streiften und mich an den Füßen kitzelten, und den Hügel diesmal hinauf. Es ging wie im Schlaf. Ich trug nur ein Hemd, ein leichtes, langes Hemd, eine Art Nachthemd, ein Engelshemd, ein Hemd, wie ich mir vorstellte, daß es die Engel trügen. Denn damals glaubte ich noch an Engel. Ich breitete die Arme aus und lag in der Luft, und der Stoff des Hemdes schmiegte sich meinem Körper an oder flatterte im Fahrtwind. Ich ließ mich treiben, über das Dorf, über das Tal, über die Ebene. Wie ich es von unten bei den Habichten gesehen hatte, legte ich mich nur auf die Luft und ließ mich vom Auftrieb der warmen Luft tragen. Hoch oben unter der Sonne zog ich, ohne Flügelschlag, meine Kreise.

Bevor ich wieder hinunterstürzte. Dann war die Luft plötzlich Wasser, und ich schwamm, wie ich vorher geflogen war, mit den gleichen Bewegungen der Arme, als ich erwachte.

Franz Kafka

Der große Schwimmer

Der große Schwimmer! Der große Schwimmer! riefen die Leute. Ich kam von der Olympiade in X, wo ich einen Weltrekord im Schwimmen erkämpft hatte. Ich stand auf der Freitreppe des Bahnhofes meiner Heimatsstadt – wo ist sie? – und blickte auf die in der Abenddämmerung undeutliche Menge. Ein Mädchen dem ich flüchtig über die Wange strich, hängte mir flink eine Schärpe um, auf der in einer fremden Sprache stand: Dem olympischen Sieger. Ein Automobil fuhr vor, einige Herren drängten mich hinein, zwei Herren fuhren auch mit, der Bürgermeister und noch jemand. Gleich waren wir in einem Festsaal, von der Gallerie herab sang ein Chor, als ich eintrat, alle Gäste, es waren hunderte, erhoben sich und riefen im Takt einen Spruch den ich nicht genau verstand. Links von mir saß ein Minister, ich weiß nicht warum mich das Wort bei der Vorstellung so erschreckte, ich maß ihn wild mit den Blikken, besann mich aber bald, rechts saß die Frau des Bürgermeisters, eine üppige Dame, alles an ihr, besonders in der Höhe der Brüste, erschien mir voll Rosen und Straußfedern. Mir gegenüber saß ein dicker Mann mit auffallend weißem Gesicht, seinen Namen hatte ich bei der Vorstellung überhört, er hatte die Elbogen auf den Tisch gelegt – es war ihm besonders viel Platz gemacht worden – sah vor sich hin und schwieg, rechts und links von ihm saßen zwei schöne blonde Mädchen, lustig waren sie, immerfort hatten sie etwas zu erzählen und ich sah von einer zur andern. Weiterhin konnte ich trotz der reichen Beleuchtung die Gäste nicht scharf erkennen, vielleicht weil alles in Bewegung war, die Diener umherliefen, die Speisen gereicht, die Gläser gehoben wurden, vielleicht war alles sogar allzusehr beleuchtet. Auch war eine gewisse Unordnung – die einzige übrigens – die darin bestand daß einige Gäste, besonders Damen, mit dem Rücken zum Tisch gekehrt saßen undzwar so, daß nicht etwa die Rückenlehne des Ses-

sels dazwischen war, sondern der Rücken den Tisch fast berührte. Ich machte die Mädchen mir gegenüber darauf aufmerksam, aber während sie sonst so gesprächig waren, sagten sie diesmal nichts, sondern lächelten mich nur mit langen Blicken an. Auf ein Glockenzeichen - die Diener erstarrten zwischen den Sitzreihen - erhob sich der Dicke gegenüber und hielt eine Rede. Warum nur der Mann so traurig war! Während der Rede betupfte er mit dem Taschentuch das Gesicht, das wäre ja hingegangen, bei seiner Dicke, der Hitze im Saal, der Anstrengung des Redens wäre das verständlich gewesen, aber ich merkte deutlich, daß das Ganze nur eine List war, die verbergen sollte, daß er sich die Tränen aus den Augen wischte. Nachdem er geendet hatte, stand natürlich ich auf und hielt auch eine Rede. Es drängte mich geradezu zu sprechen, denn manches schien mir hier und wahrscheinlich auch anderswo der öffentlichen und offenen Aufklärung bedürftig, darum begann ich:
Geehrte Festgäste! Ich habe zugegebener maßen einen Weltrekord, wenn Sie mich aber fragen würden wie ich ihn erreicht habe, könnte ich Ihnen nicht befriedigend antworten. Eigentlich kann ich nämlich gar nicht schwimmen. Seitjeher wollte ich es lernen, aber es hat sich keine Gelegenheit dazu gefunden. Wie kam es nun aber, daß ich von meinem Vaterland zur Olympiade geschickt wurde? Das ist eben auch die Frage die mich beschäftigt. Zunächst muß ich feststellen, daß ich hier nicht in meinem Vaterland bin und trotz großer Anstrengung kein Wort von dem verstehe was hier gesprochen wird. Das naheliegendste wäre nun an eine Verwechslung zu glauben, es liegt aber keine Verwechslung vor, ich habe den Rekord, bin in meine Heimat gefahren, heiße so wie Sie mich nennen, bis dahin stimmt alles, von da ab aber stimmt nichts mehr, ich bin nicht in meiner Heimat, ich kenne und verstehe Sie nicht. Nun aber noch etwas, was nicht genau, aber doch irgendwie der Möglichkeit einer Verwechslung widerspricht: es stört mich nicht sehr, daß ich Sie nicht verstehe und auch Sie scheint es nicht sehr zu stören, daß Sie mich nicht verstehen. Von der

Rede meines geehrten Herrn Vorredners glaube ich nur zu wissen daß sie trostlos traurig war, aber dieses Wissen genügt mir nicht nur, es ist mir sogar noch zuviel. Und ähnlich verhält es sich mit allen Gesprächen, die ich seit meiner Ankunft hier geführt habe. Doch kehren wir zu meinem Weltrekord zurück.

Novalis

Nächtliche Phantasien

Die Eltern lagen schon und schliefen, die Wanduhr schlug ihren einförmigen Takt, vor den klappernden Fenstern sauste der Wind; abwechselnd wurde die Stube hell von dem Schimmer des Mondes. Der Jüngling lag unruhig auf seinem Lager, und gedachte des Fremden und seiner Erzählungen. »Nicht die Schätze sind es, die ein so unaussprechliches Verlangen in mir geweckt haben«, sagte er zu sich selbst; »fern ab liegt mir alle Habsucht: aber die blaue Blume sehn ich mich zu erblicken. Sie liegt mir unaufhörlich im Sinn, und ich kann nichts anders dichten und denken. So ist mir noch nie zumute gewesen: es ist, als hätt ich vorhin geträumt, oder ich wäre in eine andere Welt hinübergeschlummert; denn in der Welt, in der ich sonst lebte, wer hätte da sich um Blumen bekümmert, und gar von einer so seltsamen Leidenschaft für eine Blume hab ich damals nie gehört. Wo eigentlich nur der Fremde herkam? Keiner von uns hat je einen ähnlichen Menschen gesehn; doch weiß ich nicht, warum nur ich von seinen Reden so ergriffen worden bin; die andern haben ja das nämliche gehört, und keinem ist so etwas begegnet. Daß ich auch nicht einmal von meinem wunderlichen Zustande reden kann! Es ist mir oft so entzückend wohl, und nur dann, wenn ich die Blume nicht recht gegenwärtig habe, befällt mich so ein tiefes, inniges Treiben: das kann und wird keiner verstehn. Ich glaubte, ich wäre wahnsinnig, wenn ich nicht so klar und hell sähe und dächte, mir ist seitdem alles viel bekannter. Ich hörte einst von alten Zeiten reden; wie da die Tiere und Bäume und Felsen mit den Menschen gesprochen hätten. Mir ist grade so, als wollten sie allaugenblicklich anfangen, und als könnte ich es ihnen ansehen, was sie mir sagen wollten. Es muß noch viel Worte geben, die ich nicht weiß: wüßte ich mehr, so könnte ich viel besser alles begreifen. Sonst tanzte ich gern; jetzt denke ich lieber nach der Musik.« Der Jüngling verlor sich allmählich in süßen Phantasien und entschlummerte. Da träumte ihm erst von unabsehlichen Fernen, und wilden, unbekannten Gegenden. Er wanderte über Meere mit unbegreiflicher Leichtigkeit; wunderliche Tiere sah er; er lebte mit mannigfaltigen Menschen, bald im Kriege, in wildem Getümmel, in stillen Hütten. Er geriet in Gefangenschaft und die schmählichste Not. Alle Empfindungen stiegen bis zu einer niegekannten Höhe in ihm. Er durchlebte ein unendlich buntes Leben; starb und kam wieder, liebte bis zur höchsten Leidenschaft, und war dann wieder auf ewig von seiner Geliebten getrennt. Endlich gegen Morgen, wie draußen die Dämmerung anbracht, wurde es stiller in seiner Seele, klarer und bleibender wurden die Bilder. Es kam ihm vor, als ginge er in einem dunkeln Walde allein. Nur selten schimmerte der Tag durch das grüne Netz. Bald kam er vor eine Felsenschlucht, die bergan stieg. Er mußte über bemooste Steine klettern, die ein ehemaliger Strom herunter gerissen hatte. Je höher er kam, desto lichter wurde der Wald. Endlich gelangte er zu einer kleinen Wiese, die am Hange des Berges lag. Hinter der Wiese erhob sich eine hohe Klippe, an deren Fuß er eine Öffnung erblickte, die der Anfang eines in den Felsen gehauenen Ganges zu sein schien. Der Gang führte ihn gemächlich eine Zeitlang eben fort, bis zu einer großen Weitung, aus der ihm schon von fern ein helles Licht entgegen glänzte. Wie er hineintrat, ward er einen mächtigen Strahl gewahr, der wie aus einem Springquell bis an die Decke des Gewölbes stieg, und oben in unzählige Funken zer-

stäubte, die sich unten in einem großen Becken sammelten; der Strahl glänzte wie entzündetes Gold; nicht das mindeste Geräusch war zu hören, eine heilige Stille umgab das herrliche Schauspiel. Er näherte sich dem Becken, das mit unendlichen Farben wogte und zitterte. Die Wände der Höhle waren mit dieser Flüssigkeit überzogen, die nicht heiß, sondern kühl war, und an den Wänden nur ein mattes, bläuliches Licht von sich warf. Er tauchte seine Hand in das Becken und benetzte seine Lippen. Es war, als durchdränge ihn ein geistiger Hauch, und er fühlte sich innigst gestärkt und erfrischt. Ein unwiderstehliches Verlangen ergriff ihn sich zu baden, er entkleidete sich und stieg in das Becken. Es dünkte ihn, als umflösse ihn eine Wolke des Abendrots; eine himmlische Empfindung überströmte sein Inneres; mit inniger Wollust strebten unzählbare Gedanken in ihm sich zu vermischen; neue, niegesehene Bilder entstanden, die auch ineinander flossen und zu sichtbaren Wesen um ihn wurden, und jede Welle des lieblichen Elements schmiegte sich wie ein zarter Busen an ihn. Die Flut schien eine Auflösung reizender Mädchen, die an dem Jünglinge sich augenblicklich verkörperten.
Berauscht von Entzücken und doch jedes Eindrucks bewußt, schwamm er gemach dem leuchtenden Strome nach, der aus dem Becken in den Felsen hineinfloß. Eine Art von süßem Schlummer befiel ihn, in welchem er unbeschreibliche Begebenheiten träumte, und woraus ihn eine andere Erleuchtung weckte. Er fand sich auf einem weichen Rasen am Rande einer Quelle, die in die Luft hinausquoll und sich darin zu verzehren schien. Dunkelblaue Felsen mit bunten Adern erhoben sich in einiger Entfernung; das Tageslicht das ihn umgab, war heller und milder als das gewöhnliche, der Himmel war schwarzblau und völlig rein. Was ihn aber mit voller Macht anzog, war eine hohe lichtblaue Blume, die zunächst an der Quelle stand, und ihn mit ihren breiten, glänzenden Blättern berührte. Rund um sie her standen unzählige Blumen von allen Farben, und der köstlichste Geruch erfüllte die Luft. Er sah nichts als die blaue Blume, und betrachtete sie lange mit unnennbarer Zärtlich-

keit. Endlich wollte er sich ihr nähern, als sie auf einmal sich zu bewegen und zu verändern anfing; die Blätter wurden glänzender und schmiegten sich an den wachsenden Stengel, die Blume neigte sich nach ihm zu, und die Blütenblätter zeigten einen blauen ausgebreiteten Kragen, in welchem ein zartes Gesicht schwebte. Sein süßes Staunen wuchs mit der sonderbaren Verwandlung, als ihn plötzlich die Stimme seiner Mutter weckte, und er sich in der elterlichen Stube fand, die schon die Morgensonne vergoldete. Er war zu entzückt, um unwillig über diese Störung zu sein; vielmehr bot er seiner Mutter freundlich guten Morgen und erwiderte ihre herzliche Umarmung.

Friedrich Schlegel

Der Liebe träumend

Aber die jugendliche Seele läßt sich durch die Arglist des Altklugen nicht betören, und immer sieht sie den Liebling spielen mit den schönen Bildern der schönen Welt. Willig läßt sie ihre Stirn umflechten von den Kränzen, die das Kind aus den Blüten des Lebens flicht, und willig läßt sie sich in wachen Schlummer sinken, Musik der Liebe träumend, und geheimnisvoll freundliche Götterstimmen vernehmend, wie die einzelnen Laute einer fernen Romanze.

Alte wohlbekannte Gefühle tönen aus der Tiefe der Vergangenheit und Zukunft. Leise nur berühren sie den lauschenden Geist und schnell verlieren sie sich wieder in den Hintergrund verstummter Musik und dunkler Liebe. Alles liebt und lebt, klaget und freut sich in schöner Verwirrung. Hier öffnen sich am rauschenden Fest die Lippen aller Fröhlichen zu allgemeinem Gesange; und hier verstummt das einsame Mädchen vor dem Freunde, dem sie sich vertrauen möchte und versagt den Kuß mit lächelndem Munde. Gedankenvoll streue ich Blumen auf das Grab des zu früh entschlafnen Sohnes, die ich bald voll Freude und voll Hoffnung der Braut des geliebten Bruders darreiche, während die hohe Priesterin mir winkt und mir die Hand reicht zu ernstem Bunde, bei dem ewig reinen Feuer ewige Reinheit und ewige Begeisterung zu geloben. Ich enteile dem Altar und der Priesterin um das Schwert zu ergreifen und mit der Schar der Helden in den Kampf zu stürzen, den ich bald vergesse, wo ich in tiefster Einsamkeit nur den Himmel und mich beschaue.

Welche Seele solche Träume schlummert, die träumt sie ewig fort, auch wenn sie erwacht ist. Sie fühlt sich umschlungen von den Blüten der Liebe, sie hütet sich wohl die losen Kränze zu zerreißen, sie gibt sich gern gefangen und weiht sich selbst der Fantasie und läßt sich gern beherrschen von dem Kinde, das alle Muttersorgen durch seine süßen Tändeleien lohnt.

Dann zieht sich ein frischer Hauch von Jugendblüte über das ganze Dasein und ein Heiligenschein von kindlicher Wonne. Der Mann vergöttert die Geliebte, die Mutter das Kind und alle den ewigen Menschen.

Nun versteht die Seele die Klage der Nachtigall und das Lächeln des Neugebornen, und was auf Blumen wie an Sternen sich in geheimer Bilderschrift bedeutsam offenbart, versteht sie; den heiligen Sinn des Lebens wie die schöne Sprache der Natur. Alle Dinge reden zu ihr und überall sieht sie den lieblichen Geist durch die zarte Hülle.

Auf diesem festlich geschmückten Boden wandelt sie den leichten Tanz des Lebens, schuldlos und nur besorgt dem Rhythmus der Geselligkeit und Freundschaft zu folgen und keine Harmonie der Liebe zu stören.

Dazwischen ewger Gesang, von dem sie nur dann und wann einzelne Worte vernimmt, welche noch höhere Wunder verraten lassen.

Immer schöner umgibt sie dieser Zauberkreis. Sie kann ihn nie verlassen und was sie bildet oder spricht, lautet wie eine wunderbare Romanze von den schönen Geheimnissen der kindlichen Götterwelt, begleitet von einer bezaubernden Musik der Gefühle und geschmückt mit den bedeutendsten Blüten des lieblichen Lebens.

Arthur Schnitzler

Frühlingsnacht im Seziersaal

Phantasie

Es war drei Uhr morgens und ich verließ den Tanzsaal. Der lag ganz am Ende des Städtchens und bis man von da wieder in engere und geschlossenere Straßen kam, dauerte es wohl eine Weile. Und meine Stimmung war seltsam. Freude und Lust klangen in meinem erhitzten Kopfe nach. Über den müden Blick senkten sich die Augenlider und die weiche Morgenluft des erwachenden Frühlings zitterte um Stirn und Wangen, so weich und mild beinahe wie der warme Duft von herzigen Mädchenlippen, den ich heute nachts im Wirbel des Tanzens übers Antlitz hauchen fühlte.
Und wie ich so weiter wandle, minutenlang, wirds freier und kühler um mein Haupt. Ich blicke um mich und sehe mich an einer Straßenecke. Ein mattes Licht gießt flimmernden Glanz über die sich kreuzenden Wege und ich merke, daß ich an wohlbekanntem Ort bin.
Und doch wie fremd scheints mir hier, obwohl ich erst gestern abend dieses dunkle Tor, das halb offen lehnt, verlassen habe und als es schon dämmerte über die dürre Wiese geschritten bin, die hinter dem grauen Mauerwerk sich hinbreitet. Ich bin einsam und sonderbar gleiten meine Gedanken zwischen Wachen und Träumen hin und her. Wie im Schlaf schreit ich durchs Tor und über die Wiese und stehe still vor vergitterten

Fenstern. Eine graue Wolke fliegt über mich hin wie ein Bote der Frühe, und ein kühler Wind macht mich frösteln. In seltsamer Weise ergreift mich der Wunsch, den Rest der Nacht im Dienste der Wissenschaft hinzubringen … und noch warm von dem tollen Treiben des lustigen Lebens, mich zu versenken in die Erkenntnis des Todes.

Und so öffne ich die Tür und trete in den dunkeln, gewölbten Saal. Ich nehme die Lampe aus einer Fensternische und zünde ein Licht auf. Einen grünen Schirm breit ich um die Flamme und stelle sie zu Häupten des Toten. Da fließt ein gelber Schein über das fahle, regungslose Antlitz. Nur um den Mund scheint es leise zu zucken. Ringsum die anderen Leichen liegen im Dunkel. Ich werfe den schwarzen Mantel um die Schultern, nehme das Messer und das übrige Werkzeug, um die Arbeit zu beginnen.

Doch mir ist schwül geworden in dem engen Raum. Zum Fenster schreit ich hin und öffne es weit, weit. Und es flutet Sternenglanz still ins düstre Haus und fliegt über den steinernen Boden hin und zittert matt an der Wand hinauf. Inmitten dieses wundersamen Anblicks steh ich da. Über mein Haupt zieht der Hauch der Frühe und mich umfließt in blauen Wellen das Mondenlicht.

Und wie träumend laß' ich auf den Sessel mich nieder, mich dem unbeschreiblichen Märchen zu entwinden, das mich umgibt.

Da hör ich Stimmen vor dem Fenster. Ich schaue auf. Ein Schatten huscht vorbei, die Türe knarrt. Ich erhebe mich von meinem Sessel und trete der Schwelle näher. Meiner Hand entsinkt das Messer, da ich eine schlanke Mädchengestalt vor mir sehe. Ich kenne das Antlitz, das nun so ängstlich lächelt und auch das einfache Gewand, das über die Hüften herabfließt, erblicke ich nicht das erstemal … und halblaut ruf ich aus: »Christine …« So hieß des Anatomiedieners Töchterlein, und wenn wir's Kollegium verließen, da sahen wir sie immer mit dem Strickzeug am Fenster in ihrem kleinen Stübchen sitzen; verschämt lächelte sie, wenn einer es wagte, leise mit der Hand

über die Glasscheiben zu streichen, daß es ganz unmerklich klirrte und niemandem sah sie in die Augen. Und Christine stand an der Schwelle des Leichensaales und noch hatte sie meinen Ruf nicht erwidert, als ich mit einemmal eines zweiten menschlichen Wesens gewahr wurde ... und wer mir Aug in Aug gegenüberstand, mit einemmal aus dem Dunkel hervortrat, war niemand anderer als mein werter Freund und Kollege Stephan Kalman. Da schwirrte es mir auch durch den Kopf, daß keiner so gern an dem Fenster Christinens mit der Hand spielte als Stephan, und daß er weit öfter durch die Scheiben guckte als alle anderen, so daß er sich nicht selten sogar wieder umwandte, wenn er schon vorüber war und verstohlen nach Christinen schielte. Ja, hatte ich nicht sogar einmal bemerkt, daß das schüchterne Mägdlein aufblickte von ihrer Arbeit, just als er vorbeiging und dabei feuerrot im Gesicht wurde.
Und eben dieser Stephan stand vor mir und faßte Christinens Hand, lachte mich gar lustig an, gab mir einen humoristischen Backenstreich und hub an zu singen.

»'s ist doch was Wunderbares
Ums Lieben
Was Wunderbares.«

Dabei faßte er sein Mädchen und drehte sich mit ihr im Kreise, bis er mitten in dem dämmrigen Saale stand. Da sang er wieder:

»Wie führt uns doch die Liebe
Oft sonderlichen Weg.«

»Nicht wahr«, sagte er zu mir, »sehr sonderliche Wege ... O süßeste Christine«, rief er plötzlich und küßte sein Lieb auf die vollen Lippen. Sie umschlang seinen Nacken und küßte ihn wieder. Ich faßte mich allmählich und sagte zu dem feurigen Jüngling: » Du merkwürdiger Kumpan ... ich ...«
Er ließ mich aber nicht reden. »Merkwürdig! Ei doch, das ist nicht übel. Es ist doch weit merkwürdiger, in tiefer Nacht zu

studieren als zu küssen in solcher Stunde ...« und blickte seinem Mädchen mit Innigkeit in die Augen.
»Aber Stephan, hier!«
»Die Liebe führt oft sonderlichen Weg. Hier, mein geliebter Freund, sind wir eben vor allem sicher ... außer vor Leuten deines Schlages. Und Leute deines Schlages kenn ich bei Gott nur einen ... und der bist du selbst. Und das auch erst seit diesem Augenblick. O Christine, meine holde Christine ...«
»Und der Schauer der Verwesung rings um die Liebe«, flüsterte ich. Aber sie hörten nicht und hielten sich umschlungen. Da ich mich nun an den Türpfosten lehnte und wie verloren vor mich hinsah, blieb es wohl eine Minute lang still. Die Liebenden hingen regungslos aneinander und es ruhte wie ein Zauber über uns allen.
Da tönte mit einemmal ein langgezogener, heller klagender Klang durch die Luft. Wie aus der Ferne strömte der Laut zu uns durch den schlummernden Äther und wurde ein zweites Mal gehört und klang nahe und von neuem weiter. Und die Töne fanden sich zu einer Melodie ... da mußte wohl ein Wanderer herbeiziehen von der Landstraße her; und raschen Schrittes, wie es schien, denn nun hörte man's lauter und lustiger als früher. Nah an der Mauer schwebte jetzt über die Wiese ein langer unruhiger Schatten. Ein gebräuntes, lachendes Antlitz erblickte ich vor dem Fenster, von schwarzen Locken umwallt, mit blitzenden Augen. Wild fuhr der Bogen über die Saiten und der Mantel flatterte hastig um die Gestalt, da der Arm sich rasch bewegte.
Und nun begann der Mann auch zu singen. Einen tollen Gesang, und schaute auf das verliebte Paar, das wie träumend dastand und Wang an Wang gelehnt hielt.
Dann sprang er herein übers Fensterbrett und mit lächelndem feurigen Blick stand er zu Häupten des Toten. Nun begann er zu hüpfen, während er sang, geigte, tanzte herum, daß ich schon vermeinte, alles um mich herum tanzen zu sehen und dastand, als hielte mich ein unbeschreiblicher Bann gefangen.

Stephan und Christine umfaßten sich, sie wirbelten, ohne daß sie den Boden berührten, sie küßten sich und seufzten und ihre Locken flogen umeinander. Und des seltsamen Wanderers krauses Haupthaar wallte auch gar lustig hin und her, während sein ganzer Leib in unsäglicher Bewegung schien. Und es baute sich Ton auf Ton und schienen die Laute ineinanderzufließen und rankten als blühende Melodie sich ans graue Gewölbe hinan. Das war ein jubelndes Ertönen, Widerhallen, und wie ein duftendes Blumenmeer umgab uns die Musik in umschmeichelnder Betäubung. Zu unsern Füßen wogte es dahin und blinkte, glitzerte, als gestaltete der Tanz sich zu sichtbarem Gold und das Liebespaar glitt dahin in wahnsinniger Verzückung. Da krachte es plötzlich und zur Erde nieder fiel Geige und Bogen. Das Lied des Wanderers verstummte und er selbst fuhr mit den Händen wild in der Luft herum, als wollte er den unsicher gleitenden Nachhall erfassen, auf daß es still werde mit einemmal. Und als es nun ganz still war, schritt der Mann langsam hinaus durch die offene Tür.

Christine aber und Stephan, die hochatmend und erhitzt ihm folgen wollten, sanken an der Schwelle nieder und hielten sich fest bei der Hand.

Was aber war denn mit mir und wer erschien mit einemmal als Genosse meiner Einsamkeit, der es wagen durfte, so heftig meinen Kragen zu rütteln, daß ich schier zu ersticken glaubte.

»Ei doch«, schrie ich und warf den Kopf herum. »Da sei doch Gott vor, daß ich's auf dem Gewissen hätte, den Herrn das Kollegium verschlafen zu lassen«, erwiderte der Anatomiediener, indem er allmählich meinen Kragen ausließ. »Aber es ist doch höchst sonderbar, daß der Herr just an der Tür des Seziersaales seine Schlafstatt suchen.«

»Deine Tochter, Mensch«, schrie ich, noch lange nicht bei Sinnen.

»Meine Tochter, Herr?« fragte der andere, während ich mich langsam erhob und von der frischen Morgenluft durchschauert war.

»Ich dank Euch, Mann«, sagte ich nun ziemlich ruhig und strich mir über die Augen, denen alles noch wie im Nebel erschien. »Aber das Kollegium hat doch noch nicht begonnen?«
»Und meine Tochter, Herr, was wolltet Ihr denn mit meiner Tochter?«
»Wer?« fragte ich höchst unschuldig. »Ich ... Was mag ich da wohl nur geträumt haben?«
»Aus Eurer blassen Farbe zu schließen, gewiß höchst Sonderbares, Herr«, erwiderte der Anatomiediener.
Ich stand bald auf der Straße und im Kreise meiner Freunde. Von weitem sah ich Stephan kommen. Er ging an Christinens Fenster vorbei. Er schaute hinein und machte ein recht gleichgültiges Gesicht. Ich lief ihm entgegen, drückte ihm die Hand, blieb aber erst an jenem Fenster stehen. Ich blickte durch die Scheiben. Christine saß an ihrem Tischchen. Auch in ihrem hübschen Antlitz war keine Spur von Erregung zu lesen. Sie stickte eben an einem Tüchlein und zählte die Stiche ab.
Seit jenem Morgen verbreitete sich die Sage, ich sei in das Mädchen verliebt.

Else Lasker-Schüler

Ich träume so leise von dir

Immer kommen am Morgen schmerzliche Farben,
Die sind wie deine Seele.

O, ich muß an dich denken,
Und überall blühen so traurige Augen.

Und ich habe dir doch von großen Sternen erzählt,
Aber du hast zur Erde gesehn.

Nächte wachsen aus meinem Kopf,
Ich weiß nicht wo ich hin soll.

Ich träume so leise von dir,
Weiß hängt die Seide schon über meinen Augen.

Warum hast du nicht um mich
Die Erde gelassen – sage?

Annette von Droste-Hülshoff

Der Traum

An Amalie H.

Jüngst hab' ich dich gesehn im Traum,
So lieblich saßest du behütet,
In einer Laube grünem Raum,
Von duftendem Jasmin umblütet,
Durch Zweige fiel das goldne Licht,
Aus Vogelkehlen ward gesungen,
Du saßest da, wie ein Gedicht
Von einem Blumenkranz umschlungen.

Und deine liebe Rechte trug
Das Antlitz mit so edlen Sitten,
Im Sand das aufgeschlagne Buch
Schien von dem Schoße dir geglitten;
Dich lehnend an den frischen Hag
Hauchtest du flüsternd leise Küsse,
Im Auge eine Träne lag
Wie Tau im Kelche der Narzisse.

Dich anzuschaun war meine Lust,
Zu lauschen deiner Züge Regen,
Und dennoch hätt' ich gern gewußt,
Was dich so innig mocht' bewegen?
Da bogst du sacht hinab den Zweig,
Strichst lächelnd an der Spitzenhaube,
An deine Schulter huscht' ich gleich,
Sah einen Baum in schlichtem Laube:

Und auf dem Baume saß ein Fink,
Der schleppte dürres Moos und Reisig,
»Schau her, schau wieder!« zirpt' er flink
Und förderte am Nestchen fleißig;
Er sah so keck und fröhlich aus,
Als trüg er des Flamingo Kleider,
So sorglich hüpft er um sein Haus,
Als fürcht' er bösen Blick und Neider.

Und wenn ein Reischen er gelegt,
Dann rief er alle Welt zu Zeugen,
Als müsse was der Garten hegt,
Blum' und Gesträuch sich vor ihm neigen;
Um deine Lippe flog ein Zug,
Wie ich ihn oft an ihr gesehen,
Und meinen Namen ließ im Flug
Sie über ihre Spalte gehen.

Schon hob ich meine Hand hinauf
Mit leisem Schlage dich zu strafen,
Allein da wacht ich plötzlich auf
Und bin nicht wieder eingeschlafen;
Nur deiner hab' ich fortgedacht,
Säh dich so gern am grünen Hage,
Mich dünkt, so lieb wie in der Nacht
Sah ich dich noch an keinem Tage.

Im Eise schlummern Blum' und Zweig,
Dezemberwinde schneidend wehen,
Der Garten steht im Wolkenreich,
Wo tausend schönre Gärten stehen;
So golden ist kein Sonnenschein,
Daß er wie der erträumte blinke;
Doch du, bist du nicht wirklich mein?
Und bin ich nicht dein dummer Finke?

Gertrud Kolmar

Die gelbe Schlange

Ich war ein Mädchen auch im Traum.

Und meine Brüste lagen, helle Inseln,
Auf jeder eine kleine braune Stadt
Mit spitzem Turm
Und rot geheimer Ströme unterirdnem Rinseln.

Wann werden weiße Quellen aus den Steinen brechen?

Die Schlange zuckte
Ungesehn durch Kraut.
Ach, alle Moose, die sie grüßte,
Verrotteten.
Ihr Leib ließ eine Wüste.
Baumgrün vergilbte vor der gelben Haut.

Die gelbe Schlange kam.
Sie zog sich über Meer
Und sank in Grund,

Wo seltsam bunt und schwer
Tierblumen an verfallnen Schiffen saugen
Mit zähnelosem Mund.

Sie schlich
In meine roten Grottenflüsse ein.
Sie lächelte.
Die kleine Stadt ward krank,
Zermürbte, wich.
Ihr stolzer Wartturm sank
Tief in ein Weiches ein.

Die Insel, einmal glücklich schön
Mit Hügelkuppe und mit sanfter Bucht
Um vieler Wellen blitzendes Getön,
Hing müd in See.

Wie überreife, halbvermulschte Frucht.

Wilhelm Müller

Frühlingstraum

Ich träumte von bunten Blumen,
So wie sie wohl blühen im Mai,
Ich träumte von grünen Wiesen,
Von lustigem Vogelgeschrei.

Und als die Hähne krähten,
Da ward mein Auge wach;
Da war es kalt und finster,
Es schrieen die Raben vom Dach.

Doch an den Fensterscheiben,
Wer malte die Blätter da?
Ihr lacht wohl über den Träumer,
Der Blumen im Winter sah?

Ich träumte von Lieb um Liebe,
Von einer schönen Maid,
Von Herzen und von Küssen,
Von Wonn' und Seligkeit.

Und als die Hähne krähten,
Da ward mein Herze wach;
Nun sitz ich hier alleine
Und denke dem Traume nach.

Die Augen schließ ich wieder,
Noch schlägt das Herz so warm.
Wann grünt ihr Blätter am Fenster?
Wann halt ich dich, Liebchen, im Arm?

Joseph von Eichendorff

Winternacht

Verschneit liegt rings die ganze Welt,
Ich hab nichts, was mich freuet,
Verlassen steht der Baum im Feld,
Hat längst sein Laub verstreuet.

Der Wind nur geht bei stiller Nacht
Und rüttelt an dem Baume,
Da rührt er seinen Wipfel sacht
Und redet wie im Traume.

Er träumt von künftger Frühlingszeit,
Von Grün und Quellenrauschen,
Wo er im neuen Blütenkleid
Zu Gottes Lob wird rauschen.

Rose Ausländer

Glück II

Der Traum vom Glück
wehrt sich gegen mich
seit ich ihn träumen will

Ich habe viel geträumt
von dunklen Dingen

Manchmal stand ein Stern
am Himmel meines Traums
nur einen Augenblick
dann stürzte er
und fiel
weiß auf mein Haar

Träumen von damals

> Diejenigen Träume, welche etwas ganz Neues, wohl gar Phantastisches, bringen, sind in meinen Augen bei weitem nicht so bedeutend, als diejenigen, welche die ganze Gegenwart bis auf die leiseste Regung der Erinnerung töten und den Menschen in das Gefängnis eines längst vergangenen Zustandes zurückschleppen.
>
> *Friedrich Hebbel*

Gottfried Keller

Wir träumen und wir säumen

Dennoch hatte das Bild der in die Ferne schauenden Mutter ein starkes Gefühl von Heimweh wachgerufen, das mich bisher nur im Schlafe besuchte. Seit ich nämlich die Phantasie und ihr angewöhntes Gestaltungsvermögen nicht mehr am Tage beschäftigte, regten sich ihre Werkleute während des Schlafes mit selbständigem Gebaren und schufen mit anscheinender Vernunft und Folgerichtigkeit ein Traumgetümmel in den glühendsten Farben und buntesten Formen. Ganz wie es wiederum jener irrsinnige Meister und erfahrene Lehrer mir vorausgesagt, sah ich nun im Traume bald die Vaterstadt, bald das Dorf auf wunderbare Weise verklärt und verändert, ohne je hineingelangen zu können, oder wenn ich endlich dort war, mit einem plötzlichen freudelosen Erwachen. Ich durchreiste die schönsten Gegenden des Vaterlandes, die ich in Wirklichkeit nie gesehen, schaute Gebirge, Täler und Ströme mit unerhörten und doch wohlbekannten Namen, die wie Musik klangen und doch etwas Lächerliches an sich hatten.

Über den Mitteilungen des Landsmannes waren mir das Mädchen Hulda von gestern abend und die heutigen Morgenpläne aus dem Gedächtnisse geschwunden; ermüdet eilte ich den Schlaf zu suchen und verfiel auch gleich wieder dem geschäftigen Traumleben. Ich näherte mich der Stadt, worin das Vaterhaus lag, auf merkwürdigen Wegen, am Rande breiter Ströme, auf denen jede Welle einen schwimmenden Rosenstock trug, so daß das Wasser kaum durch den ziehenden Rosenwald funkelte. Am Ufer pflügte ein Landmann mit milchweißen Ochsen und goldenem Pfluge, unter deren Tritten große Kornblumen sproßten. Die Furche füllte sich mit goldenen Körnern, welche der Bauer, indem er mit der einen Hand den Pflug lenkte, mit der anderen aufschöpfte und weithin in die Luft warf, worauf sie als ein goldener Regen auf mich niederfielen. Ich fing ihrer mit dem Hute auf, soviel ich konnte, und sah mit Vergnügen, daß sie sich in lauter goldene Schaumünzen verwandelten, auf welchen ein alter Schweizer mit langem Barte und zweihändigem Schwerte geprägt war. Ich zählte sie eifrig und konnte sie doch nicht auszählen, füllte aber alle Taschen damit; die ich nicht mehr hineinbrachte, warf ich wieder in die Luft. Da verwandelte sich der Goldregen in einen prächtigen Goldfuchs, der wiehernd an der Erde scharrte, aus welcher dann der schönste Hafer hervorquoll, den das Pferd mutwillig verschmähte. Jedes Haferkorn war ein süßer Mandelkern, eine Rosine und ein neuer Pfennig, die zusammen in rote Seide gewickelt und mit einem Endchen Schweinsborste eingebunden waren, welches das Pferd angenehm kitzelte, als es sich darin wälzte, so daß es rief: Der Hafer sticht mich!

Ich jagte aber den Goldfuchs auf, bestieg ihn, da er schön gesattelt war, ritt beschaulich am Ufer hin und sah, wie der Bauersmann in die schwimmenden Rosen hinein pflügte und mit seinem Gespann darin versank. Die Rosen nahmen ein Ende, zogen sich zu dichten Scharen zusammen und schwammen in die Ferne, am Horizonte eine Röte ausbreitend; der Fluß aber erschien jetzt als ein unermeßliches Band fließenden blauen Stahles. Der Pflug des Landmannes hatte sich inzwischen in ein Schiff verwandelt; darin fuhr derselbe, steuerte mit der goldenen Pflugschar, und sang: »Das Alpenglühen rückt aus und geht um das Vaterland herum!« Hierauf bohrte er ein Loch in den Schiffsboden; darein steckte er das Mundstück einer Posaune, sog kräftig daran, worauf es mächtig erklang gleich einem Harsthorn und einen glänzenden Wasserstrahl ausstieß, der den herrlichsten Springbrunnen in dem fahrenden Schifflein bildete. Der Bauer nahm den Strahl, setzte sich auf den Rand des Schiffes und schmiedete auf seinen Knieen und mit der rechten Faust ein mächtiges Schwert daraus, daß die Funken stoben. Als das Schwert fertig war, prüfte er dessen Schärfe an einem ausgerissenen Barthaare und überreichte es höflich sich selbst, indem er sich plötzlich in den Wilhelm Tell verwandelte, welchen jener beleibte Wirt im Tellenspiel vorgestellt hatte, zur Zeit meiner frühern Jugend. Dieser nahm das Schwert, schwang es und sang mächtig:

Heio, heio! bin auch noch do
Und immer meines Schießens froh!
Heio, heio! die Zeit ist weit,
Der Pfeil des Tellen fliegt noch heut!

Wo guckt ihr hin? Seht ihr ihn nicht?
Dort oben tanzt er hoch im Licht!
Man weiß nicht, wo er stecken bleibt,
Heio, 's ist immer, wie man's treibt!

Dann hieb der dicke Tell mit dem Schwerte von der Schiffswand, die nun eine Speckseite war, einen tüchtigen Span herunter und trat mit demselben feierlich in die Kajüte, einen Imbiß zu halten.

Indessen ritt ich auf dem Goldfuchs weiter und befand mich unversehens mitten in dem Dorfe, darin der Oheim gewohnt. Ich erkannte es kaum wieder, da fast alle Häuser neu gebaut waren. Die Bewohner saßen alle hinter den hellen Fenstern um die Tische herum und aßen, und niemand blickte auf die menschenleere Straße. Dessen war ich aber höchlich froh;

denn erst jetzt entdeckte ich, daß ich auf meinem glänzenden Pferde in alten anbrüchigen Kleidern saß. Ich bestrebte mich daher, ferner ungesehen hinter das Haus des Oheims zu gelangen, das ich fast nicht finden konnte. Zuletzt erkannte ich es, wie es über und über mit Efeu bewachsen und außerdem von den alten Nußbäumen überhangen, so daß weder Stein noch Ziegel zu sehen war und nur hie und da ein handgroßes Stückchen Fensterscheibe durch das Grüne blinkte. Ich sah, daß sich etwas dahinter bewegte, konnte aber nichts Deutliches wahrnehmen. Der Garten war von einer Wildnis wuchernder Feldblumen bedeckt, aus denen die aufgeschossenen Gartengewächse baumhoch emporragten, Rosmarin und Fenchelstauden, Sonnenblumen, Kürbisse und Johannisbeeren. Schwärme wild gewordener Bienen brausten auf der Blumenwildnis umher; im Bienenhause aber lag der alte Liebesbrief, den der Wind einst dahin getragen, verwittert und offen, ohne daß ihn die Jahre her jemand gefunden. Ich nahm ihn und wollte ihn einstecken, da wurde er mir aus der Hand gerissen, und als ich mich umsah, huschte Judith damit lachend hinter das Bienenhaus und küßte mich dabei durch die Luft, daß ich es auf meinem Munde fühlte. Der Kuß war aber eigentlich ein Stück Apfelkuchen, welches ich begierig aß. Da es jedoch den Hunger, den ich im Schlafe empfand, nicht stillte, überlegte ich, daß ich wahrscheinlich träume, und daß der Kuchen wohl von den Äpfeln herrühre, die ich einst küssend mit der Judith zusammen gegessen. Ich fand es also um so geratener, in das Haus zu gehen, wo gewiß eine Mahlzeit bereit sein würde. Ich packte einen schweren Mantelsack aus, der sich plötzlich auf dem Pferde zeigte, als ich es an den zerfallenen Gartenzaun band. Aus dem Mantelsack rollten die schönsten Kleider hervor und ein feines neues Hemde, dessen Brust mit einer Stickerei von Weinträubchen und Maiglöckchen verziert war. Wie ich aber dies Staatshemd auseinander faltete, wurden zweie daraus, aus den zweien vier, aus den vieren acht, kurz eine Menge der schönsten Leibwäsche breitete sich aus, welche wieder in den Mantelsack zu schieben ich mich vergeblich abmühte. Immer wurden es mehr Hemden und Kleidungsstücke und bedeckten den Boden umher; ich empfand die größte Angst, von meinen Verwandten bei dem sonderbaren Geschäft überrascht zu werden. In der Verzweiflung ergriff ich endlich eines von den Hemden, um es anzuziehen, und stellte mich schamhaft hinter einen Nußbaum; allein man konnte aus dem Hause an diese Stelle sehen, und ich schlüpfte beschämt hinter einen andern, und so immer fort von einem Baume zum andern, bis ich dicht an das Haus und in den Efeu hineingedrückt in Verwirrung und Eile den Anzug wechselte, die schönen Kleider anzog und doch fast nicht fertig werden konnte, und als ich es endlich war, befand ich mich wieder in größter Not, wo ich das traurige Bündel der alten Kleider bergen solle. Wohin ich es auch trug, immer fiel ein zerlumptes Stück auf die Erde; zuletzt gelang es mit saurer Mühe, das Zeug in den Bach zu werfen, wo es aber durchaus nicht weiterschwimmen wollte, sondern sich auf der gleichen Stelle gemächlich herumdrehte. Ich erwischte eine vermorschte Bohnenstange und quälte mich, die dämonischen Fetzen in die Strömung zu stoßen; aber die Stange brach und brach immer wieder bis auf das letzte Stümpfchen.

Da berührte ein Hauch meine Wangen, und Anna stand vor mir und führte mich in das Haus. Ich stieg Hand in Hand mit ihr die Treppe hinauf und trat in die Stube, wo der Oheim, die Tante, die Basen und Vettern sämtlich versammelt waren. Aufatmend sah ich mich um; die alte Stube war sonntäglich geputzt und so sonnenhell, daß ich nicht begriff, wo all das Licht durch den dichten Efeu hindurch herkomme. Oheim und Tante waren in ihren besten Jahren, die Bäschen und Vettern blühender als je, der Schulmeister ebenfalls ein schöner Mann und aufgeräumt wie ein Jüngling, und Anna sah ich als Mädchen von vierzehn Jahren im rotgeblümten Kleide mit der lieblichen Halskrause.

Was aber sehr sonderbar war, alle, Anna nicht ausgenommen, trugen lange irdene Pfeifen in den Händen und rauchten einen wohlriechenden Tabak, und ich desgleichen. Dabei standen

sie, die Verstorbenen und die Lebendigen, keinen Augenblick still, sondern gingen mit freundlich frohen Mienen unablässig die Stube auf und nieder, hin und her, und dazwischen niedrig am Boden hin die Jagdhunde, das Reh, der zahme Marder, Falken und Tauben in friedlicher Eintracht, nur daß die Tiere den entgegengesetzten Strich der Menschen verfolgten und so ein wunderbares Gewebe durcheinander lief.
Der schwere Nußbaumtisch auf seinen gewundenen Füßen war mit einem weißen Damasttuche gedeckt und mit einem aufgerüsteten duftenden Hochzeitsessen besetzt. Mir wässerte der Mund und ich sagte zum alten Oheim: »Ei, ihr scheint euch da recht wohl sein zu lassen!« »Versteht sich!« erwiderte er und alle wiederholten: »Versteht sich!« mit angenehm klingenden Stimmen. Plötzlich befahl der Oheim, daß man zu Tische sitze; alle stellten die Pfeifen pyramidenweise zusammen auf den Boden, je drei und drei, wie Soldaten ihre Gewehre. Darauf schienen sie schon wieder zu vergessen, daß sie essen gewollt; denn sie gingen zu meinem Verdrusse nach wie vor umher und fingen allmählich an zu singen:

Wir träumen, wir träumen,
Wir träumen und wir säumen,
Wir eilen und wir weilen,
Wir weilen und wir eilen,
Sind da und sind doch dort,
Wir gehen bleibend fort,
Wem konveniert es nicht?
Wie schön ist dies Gedicht!
Hallo, hallo!
Es lebe, was auf Erden stolziert in grüner Tracht,
Die Wälder und die Felder, die Jäger und die Jagd!

Weiber und Männer sangen mit rührender Harmonie und Lust, und das Hallo stimmte der Oheim mit gewaltiger Stimme an, daß die ganze Schar mit verstärktem Gesange darein tönte und rauschte und zugleich blaß und blässer werdend sich in einen wirren Nebel auflöste, während ich bitterlich weinte und schluchzte. Ich erwachte in Tränen gebadet und auch das Kopfkissen war davon benetzt. Als ich mich mit Mühe gesammelt, war das erste, dessen ich mich erinnerte, der wohlgedeckte Tisch; denn ich hatte nach den Eröffnungen des Landsmannes am Abend nichts mehr essen können und war erst im Schlafe wieder hungrig geworden. Wie ich nun die Gier bedachte, mit welcher ich trotz des Schmuckes der unbeherrschten Phantasie gezwungen war, schließlich immer nur von Geld und Gut, Kleidern und Essen zu träumen, brach ich über diese Erniedrigung neuerdings in Tränen aus, bis ich abermals einschlief.

Georg Trakl

Sebastian im Traum

Für Adolf Loos

Mutter trug das Kindlein im weißen Mond,
Im Schatten des Nußbaums, uralten Hollunders,
Trunken vom Safte des Mohns, der Klage der Drossel;
Und stille
Neigte in Mitleid sich über jene ein bärtiges Antlitz

Leise im Dunkel des Fensters; und altes Hausgerät
Der Väter
Lag im Verfall; Liebe und herbstliche Träumerei.

Also dunkel der Tag des Jahrs, traurige Kindheit,
Da der Knabe leise zu kühlen Wassern, silbernen Fischen hinabstieg,
Ruh und Antlitz;
Da er steinern sich vor rasende Rappen warf,
In grauer Nacht sein Stern über ihn kam;

Oder wenn er an der frierenden Hand der Mutter
Abends über Sankt Peters herbstlichen Friedhof ging,
Ein zarter Leichnam stille im Dunkel der Kammer lag
Und jener die kalten Lider über ihn aufhob.

Er aber war ein kleiner Vogel im kahlen Geäst,
Die Glocke lang im Abendnovember,
Des Vaters Stille, da er im Schlaf die dämmernde
Wendeltreppe hinabstieg.

2

Frieden der Seele. Einsamer Winterabend,
Die dunklen Gestalten der Hirten am alten Weiher;
Kindlein in der Hütte von Stroh; o wie leise
Sank in schwarzem Fieber das Antlitz hin.
Heilige Nacht.

Oder wenn er an der harten Hand des Vaters
Stille den finstern Kalvarienberg hinanstieg
Und in dämmernden Felsennischen
Die blaue Gestalt des Menschen durch seine Legende ging,
Aus der Wunde unter dem Herzen purpurn das Blut rann.
O wie leise stand in dunkler Seele das Kreuz auf.

Liebe; da in schwarzen Winkeln der Schnee schmolz,
Ein blaues Lüftchen sich heiter im alten Hollunder fing,
In dem Schattengewölbe des Nußbaums;
Und dem Knaben leise sein rosiger Engel erschien.

Freude; da in kühlen Zimmern eine Abendsonate erklang,
Im braunen Holzgebälk
Ein blauer Falter aus der silbernen Puppe kroch.

O die Nähe des Todes. In steinerner Mauer
Neigte sich ein gelbes Haupt, schweigend das Kind,
Da in jenem März der Mond verfiel.

3

Rosige Osterglocke im Grabgewölbe der Nacht
Und die Silberstimmen der Sterne,
Daß in Schauern ein dunkler Wahnsinn von der Stirne des Schläfers sank.

O wie stille ein Gang den blauen Fluß hinab
Vergessenes sinnend, da im grünen Geäst
Die Drossel ein Fremdes in den Untergang rief.

Oder wenn er an der knöchernen Hand des Greisen
Abends vor die verfallene Mauer der Stadt ging
Und jener in schwarzem Mantel ein rosiges Kindlein trug,
Im Schatten des Nußbaums der Geist des Bösen erschien.

Tasten über die grünen Stufen des Sommers. O wie leise
Verfiel der Garten in der braunen Stille des Herbstes,
Duft und Schwermut des alten Hollunders,
Da in Sebastians Schatten die Silberstimme des Engels erstarb.

Adelbert von Chamisso

Das Schloß Boncourt

Ich träum als Kind mich zurücke,
  Und schüttle mein greises Haupt;
Wie sucht ihr mich heim, ihr Bilder,
  Die lang ich vergessen geglaubt?

Hoch ragt aus schattgen Gehegen
  Ein schimmerndes Schloß hervor,
Ich kenne die Türme, die Zinnen,
  Die steinerne Brücke, das Tor.

Es schauen vom Wappenschilde
  Die Löwen so traulich mich an,
Ich grüße die alten Bekannten,
  Und eile den Burghof hinan.

Dort liegt die Sphinx am Brunnen,
  Dort grünt der Feigenbaum,
Dort, hinter diesen Fenstern,
  Verträumt ich den ersten Traum.

Ich tret in die Burgkapelle
  Und suche des Ahnherrn Grab,
Dort ists, dort hängt vom Pfeiler
  Das alte Gewaffen herab.

Noch lesen umflort die Augen
  Die Züge der Inschrift nicht,
Wie hell durch die bunten Scheiben
  Das Licht darüber auch bricht.

So stehst du, o Schloß meiner Väter,
  Mir treu und fest in dem Sinn,
Und bist von der Erde verschwunden,
  Der Pflug geht über dich hin.

Sei fruchtbar, o teurer Boden,
  Ich segne dich mild und gerührt,
Und segn ihn zwiefach, wer immer
  Den Pflug nun über dich führt.

Ich aber will auf mich raffen,
  Mein Saitenspiel in der Hand,
Die Weiten der Erde durchschweifen,
  Und singen von Land zu Land.

Hermann Hesse

Wieder auf der Schulbank

Nun also war ich (im Traum) wachgeworden, öffnete langsam die Augen, stützte mich langsam auf meinem eingeschlafenen und gefühllos gewordenen Arm ein wenig in die Höhe, sah durch das fremde Fenster graues Tageslicht fallen, und plötzlich gab es mir einen Ruck, es durchfuhr mich ein Unbehagen und etwas wie Angst oder schlechtes Gewissen, und ich griff hastig nach der Taschenuhr, um nach der Zeit zu sehen. Richtig, hole es der Teufel, es war zehn Uhr vorbei, schon beinah halb elf, und ich war ja doch seit Monaten Schüler oder Gast in einem Gymnasium, wo ich fleißig und heldenhaft ein altes Versäumnis gutmachen und die letzten Klassen nachholen wollte. Mein Gott, und nun war es halb elf, und seit acht Uhr hätte ich in der Schule sitzen sollen, und wenn ich auch dem Rektor, wie schon neulich einmal, mein Versagen mit den zunehmenden Altersbehinderungen erklären konnte, ja seines Verstehens im voraus gewiß war, so hatte ich eben doch diesen Vormittag versäumt und war nicht einmal sicher, ob ich nachmittags wohl genug sein werde, in die Schule zu gehen, und inzwischen ging dort der Unterricht weiter, und mein Mitkommen in der Klasse wurde zweifelhafter und zweifelhafter, und jetzt würde sich ja wohl auch plötzlich einmal irgendeine erschreckende Erklärung für die Tatsache einstellen, daß ich zu meiner Beunruhigung in diesen paar Monaten seit meinem Wiedereintritt ins Gymnasium noch keine einzige griechische Lektion gehabt und in meiner schweren Schulmappe, die oft so mühsam zu tragen war, noch nie eine griechische Grammatik hatte finden können. Ach, vielleicht war es nichts mit meinem edlen Entschluß, meine versäumten Pflichten gegen die Welt und die Schule nachzuholen und doch noch etwas Rechtes zu werden, und vielleicht war der Rektor, der mich dort immer so verständnisvoll behandelte, längst und schon von Anfang an von der Verstiegenheit meines Unternehmens überzeugt, auch kannte er mich ja einigermaßen aus einigen meiner Bücher. Sollte ich am Ende lieber die Uhr wieder hinlegen, die Augen wieder zumachen und den Vormittag vollends im Bett bleiben, und vielleicht auch gleich den Nachmittag, und damit zugeben, daß ich mich auf etwas Unmögliches eingelassen hatte? Auf jeden Fall: für den Vormittag hatte es keinen Sinn mehr, sich aufzuraffen; er war vertan. Und kaum hatte ich in der fremden Stube im fremden Bett diese Gedanken gedacht, so erwachte ich wirklich, sah einen dünnen Strahl Licht vom Fenster kommen, und fand mich im eigenen Zimmer und eigenen Bett, wußte unten das Frühstück und die viele Briefpost warten, und erhob mich unlustig, von diesem Schlaf und diesem Traum in keiner Weise gestärkt, aber doch erstaunt und ein klein wenig zum Mitlachen geneigt über diesen Künstler von Traum, der mich so vor den Spiegel gestellt und dabei von den Tricks der Surrealistik so sparsamen Gebrauch gemacht hatte.

Ingeborg Bachmann

Ein Vatertraum

Mein Vater nimmt mir die Schlüssel weg, er wirft meine Kleider aus dem Fenster auf die Straße, die ich aber gleich ans Rote Kreuz weitergebe, nachdem ich den Staub aus ihnen geschüttelt habe, denn ich muß noch einmal zurück ins Haus, ich habe die Spießgesellen hineingehen gesehen, und der erste zerschlägt die Teller und das Glas, aber ein paar Gläser hat mein Vater auf die Seite räumen lassen, und während ich zitternd in die Tür trete und ihm näher komme, nimmt er das erste und wirft es nach mir, dann eines vor mich auf den Boden, er wirft und wirft alle Gläser, er zielt so genau, nur wenige Splitter treffen mich, aber das Blut kommt in kleinen Rinnsalen von der Stirn, läuft vom Ohr weg, entspringt am Kinn, das Kleid verschmiert sich mit Blut, weil ein paar ganz feine Glasstücke durch den Stoff gedrungen sind, von meinen Knien tropft es stiller, aber ich will etwas, ich muß es ihm sagen. Er sagt: Bleib nur, bleib, und schau zu! Ich verstehe nun nichts mehr, aber weiß, daß Anlaß zur Furcht ist, und dann ist die Befürchtung noch nicht das schlimmste gewesen, denn mein Vater ordnet an, daß meine Büchergestelle abgerissen werden sollen, ja, er sagt ›abreißen‹, und ich will mich vor die Bücher stellen, aber die Männer stellen sich grinsend davor, ich werfe mich vor ihnen auf den Boden und sage: Nur meine Bücher laßt in Ruhe, nur diese Bücher, macht mit mir, was ihr wollt, mach, was du willst, so wirf mich doch aus dem Fenster, so versuch es doch noch einmal, wie damals! Aber mein Vater tut, als wüßte er nichts mehr von dem Versuch, von damals, und er beginnt, fünf, sechs Bücher auf einmal zu nehmen, wie einen Packen Ziegelsteine, und er wirft sie, so daß sie auf den Kopf fallen, in einen alten Schrank. Die Gesellen mit frostigen klammen Fingern ziehen die Gestelle weg, es kracht alles nieder, die Totenmaske von Kleist flattert eine Weile vor mir und Hölderlins Bild, unter dem steht: dich Erde, lieb ich, trauerst du doch mit mir! und nur diese Bilder fange ich und drücke ich an mich, die kleinen Balzacbände wirbeln herum, die Aeneis bekommt einen Knick, die Gesellen geben Lukrez und Horaz einen Fußtritt, aber ein anderer fängt an, ohne zu wissen, was er in die Hand nimmt, wieder einiges ordentlich zu stapeln, in einer Ecke, mein Vater stößt den Mann in die Rippen (wo habe ich den Mann schon einmal gesehen, er hat mir in der Beatrixgasse ein Buch zerstört), er sagt freundschaftlich zu ihm: Was, das hätte dir wohl gepaßt, auch mit ihr, was? Und nun blinzelt mein Vater zu mir herüber, und ich weiß, was er meint, denn der Mann lächelt verlegen und sagt, er möchte schon, und mir zuliebe tut er auch so, als wolle er mit meinen Büchern wieder gut umgehen, aber ich reiße ihm voller Haß die französischen Bücher aus der Hand, denn Malina hat sie mir gegeben, und ich sage: Sie bekommen mich nicht! Und zu meinem Vater sage ich: Du hast uns doch immer alle verschachert. Aber mein Vater brüllt: Was, jetzt auf einmal willst du nicht, ich werde, ich werde!

Die Männer verlassen das Haus, jeder hat ein Trinkgeld bekommen, sie schwenken ihre großen Taschentücher, rufen: Buchheil, und zu den Nachbarn und allen, die neugierig herumstehen, sagen sie: Wir haben ganze Arbeit geleistet. Jetzt sind mir die HOLZWEGE heruntergefallen, auch ECCE HOMO, und ich hocke betäubt und blutend inmitten der Bücher, es hat ja so kommen müssen, denn ich habe sie gestreichelt jeden Abend vor dem Schlafengehen, und Malina hat mir die schönsten Bücher geschenkt, das verzeiht mein Vater mir nie, und unlesbar sind alle geworden, das hat ja so kommen müssen, es ist keine Ordnung mehr, und ich werde nie wieder wissen, wo der Kürnberger und wo der Lafcadio Hearn gestanden sind. Ich lege mich zwischen die Bücher, ich streichle sie wieder, eines nach dem anderen, im Anfang waren es nur drei, dann fünfzehn gewesen, dann schon über hundert, und im Pyjama lief ich zu dem ersten Regal. Gute Nacht, meine Herren, gute Nacht, Herr Voltaire, gute Nacht, Fürst, wünsche wohl zu ruhen, meine Dichter unbekannt, schöne Träume, Herr Pirandello, meine Verehrung, Herr Proust. Chaire Thukydides! Zum erstenmal sagen die Herren heute gute Nacht zu mir, ich versuche ihnen vom Leib zu bleiben, damit sie keine Blutflecken bekommen. Gute Nacht, sagt Josef K. zu mir.

Angstträume

Nach einem bösen Traum sieht man, welchen Stoff zu einer Hölle ein bloßes Gehirn in sich aufbewahrt.
Jean Paul

Der Tod ist der seligste Traum.
Georg Büchner

Nikolaus Lenau

Traumgewalten

Der Traum war so wild, der Traum war so schaurig,
So tief erschütternd, unendlich traurig.
Ich möchte gerne mir sagen:
Daß ich ja fest geschlafen hab',
Daß ich ja nicht geträumet hab',
Doch rinnen mir noch die Thränen herab,
Ich höre mein Herz noch schlagen.

Ich bin erwacht in banger Ermattung,
Ich finde mein Tuch durchnäßt am Kissen,
Wie man's heimbringt von einer Bestattung;
Hab' ich's im Traum hervorgerissen
Und mir getrocknet das Gesicht?
Ich weiß es nicht.

Doch waren sie da, die schlimmen Gäste,
Sie waren da zum nächtlichen Feste.
Ich schlief, mein Haus war preisgegeben,

Sie führten darin ein wüstes Leben.
Nun sind sie fort, die wilden Naturen;
In diesen Thränen find' ich die Spuren,
Wie sie mir Alles zusammengerüttet,
Und über den Tisch den Wein geschüttet.

Hugo von Hofmannsthal

Der Geiger vom Traunsee

(Eine Vision zum St. Magdalenentag)

Montag 22. Juli 1889 Maria Magdalena
Die schwere drückende Glut eines wolkenlosen Julinachmittages lag über Berg und See. Kein Hauch bewegte die weite metallisch blinkende Fläche. Kein Hauch spielte um die Wipfel des mächtigen Waldes, der sich, ein düster schleppender Mantel, von den Schultern des Bergriesen herabzieht bis hart ans Ufer. Hier, an der Grenze von Wald und Flut bilden sich zahllose kleine Buchten, dem landenden Kahne günstig, bieten wechselnde Einschnitte, schattig überhangende Lauben ein wechselnd bewegtes Bild, das Bild friedlicher Ruhe, sorgloser Geborgenheit, doppelt wohltuend nach dem furchtbar großartigen Bilde der wildabstürzenden Felswand, der schroff aufragenden Klippen an der Stirnseite des Traunstein. Im Schatten einer dieser Buchten, wo sich ein kristallhelles Bächlein den Weg durch schwellende Moospolster an das kiesige Ufer bahnte, hatte ich nach langem Suchen gefunden, was ich suchte, ein Fleckchen Erde, weltvergessen und weltentlegen; belebende Kühle umfing mich, sowie mein Kahn den weißen Sand der kleinen Bucht streifte, und mir war, als hätte sich gleich mir alles hierhergeflüchtet vor der sengenden Glut da draußen was keimt und blüht, was sproßt und gedeiht. Tief

sank der Fuß in den schwellenden Moosteppich der selbst die unfruchtbaren Geschiebe des Ufers überwuchert hatte, so daß ihn nur mehr ein schmaler Streifen weißen Sandes vom Wasser trennte. Und dicht wie der Teppich war auch das Blätterdach das sich zur traulichen Laube wölbte, kaum hie und da fiel ein Sonnenstrahl in eine Lücke, vergoldete mit feuchtem Glanz den Stamm.

Wer mag die Magda gewesen sein, die sich ein halbes Jahrhundert vor mir dies Lieblingsplätzchen erlesen; die hier gesessen in der Tracht unsrer Großmütter, den schlanken Hals mit dem vormärzlichen Seidentuch umwunden, den zierlichen Fuß in winzige französische Seidenschuhe gepreßt? war sie hierhergekommen mit Claurens Mimili dem empfindsamen Geläute heimkehrender Herde zu lauschen, eine bleiche, geheimnisvolle Liebe im Herzen, hatte sie sich hierhergeflüchtet, um mit Jean Paul in wehmütigem Genuß seliger Beschränktheit zu schwelgen oder um sich dem bestrickenden Zauber romantischer Waldeinsamkeit hinzugeben? vielleicht lebt sie noch, vielleicht gehe ich täglich an ihr vorüber, einer alten korpulenten Beamtenswitwe, die als ehrsame Frau Magdalena beim Schälchen Kaffee mit einem unterdrückten Seufzer der Magda von einst und des lauschigen Plätzchens gedenkt. Während meine Gedanken also müßig umherschlenderten, suchte ich auf dem Brette eifrig nach einer Inschrift, einem Verslein, mit dem ja gefühlvollere Menschenkinder so gern ihrer Begeisterung beim Anblick ewig junger Naturschönheiten Worte verleihen. Umsonst, mühsam hob ich das Brett vollends aus seinem feuchten Lager unzähliges Gewürm aufstörend, da auf der Unterseite Worte, Verse, eine unentschiedene, frauenhafte Schrift: bald weich und liegend, dann wieder starr aufgerichtet, voll u. kräftig. Eine Flechte bedeckte die letzten Zeilen, vorsichtig hob ich sie mit dem Taschenmesser ab: Am St. Magdalenentage 1839. Nik. Lenau. Dieser Name warf wie ein Blitz sein Licht in mein Gedächtnis. Ja, das waren die Züge, in die ich mich mit wehmütigen Seligkeiten vertieft hatte, sooft mir mein Schurz 2 Blicke in die reiche handschriftliche Hinterlassenschaft seines Schwagers gewährt hatte. Laut pochte mein Herz vor freudiger Aufregung, einen Augenblick war ich wie geblendet. Dann suchte ich mit freudebebenden Händen meinen Schatz zu entziffern. Aber ach, vergebens, wohl ließ sich Vers, metrische Form und Zeilenzahl des Gedichtes erkennen, wohl ließen sich einige Zeilen zu verständlichen Sätzen mit leichter Mühe ergänzen, aber Sinn des Gedichtes zu erschließen, das mußte ich alle Hoffnung aufgeben. So wie ich, so öd, ohnmächtig qualvoll mußte sich der Bettler fühlen, vor dessen Füßen ein gleißender Schatz in die Tiefe sank? Eine heiße Träne der Enttäuschung und bitteren Hilflosigkeit fiel auf die grauen Zeichen. Es war ein Sonnett; eine Dichtungsart, die Lenau nicht gern gebrauchte, denn er liebte es, was ihm Herz und Sinn durchstürmte, frei entströmen zu lassen wie die ungebundenen Tonfluten seiner Geige, nicht es zu feilen und zusammenzupressen in die enge Schranke der kunstvoll verschlungenen 14 Zeilen. Was sich erkennen ließ, war abgerissen und unzusammenhängend:

Du fielst, ein Weib, wie tausend Weiber sanken,
Dein Heiland hörte deines Herzens Stöhnen
Die Reu, wie das Vergehen, ohne Schranken
Mein Wollustmeer ist eine Welt von Tönen
Und Zechgenossen sind mir die Gedanken
Du warst ein Weib wohl dir du konntest weinen
Und heute preisen Heil'ge dich Legenden
Dein Platz ist bei den Makellosen Reinen
Wann wird die Qual wann die Verfolgung enden?

Eine Säule eines verschütteten Palastes, ein abgerissener Akkord, vom Wind verweht. Und doch ein Akkord, der wieder und wieder erklingt im tosenden Kampfgetümmel der Albigenser, im leisen Flüstern der Schilflieder; stets die eine quälende Frage an das Schicksal bald gesteigert zum verzweifelten Aufschrei aus wunder Brust bald gedämpft zur kindlich-vertrauenden, demütigen Bitte. Wann wird die Qual, wann die

Verfolgung enden. Alle Saiten meiner Seele tönten nach, melodisch begleitet von den rauschenden Blättern, den schlaftrunken plätschernden Wellen. Vor meinem Aug stiegen zwei Bilder auf, die schöne Büßerin im Schmuck des niederwallenden Haares den seligen Glanz überstandener Prüfung im Auge, und der bleiche Mann mit der Rätselfremde im sehnenden Aug und dem halb traurigen halb spöttischen Zug um die vollen Lippen, wie er in Schurz' Arbeitszimmer hing. Über meine Stirn schwebte ein Falter; gedankenlos zerknickte ich eine dunkle Orchis, die im Bereich meiner Finger stand. Gedankenlos lauschte ich den ruhigen Atemzügen der schlafenden Flut. Da mischte sich in das Plaudern und Murmeln der Wellen ein seltsames Klingen, wie ferner Geigenton. Leise und doch vernehmlich klang es aus der Tiefe, als schlängen Nixen ihren Reihen durch die feuchten Bogen und Hallen der versunkenen Stadt. Fester schloß ich die Augen, denn ich fürchtete zu erwachen und die süßen Klänge zu verscheuchen. Aber sie zogen näher und näher, und immer sehnsüchtiger, lockender erklang die Weise. Endlich schien mir, als drängen sie dicht vor mir aus dem Boden, ich riß die Augen auf, vor mir stand ein ernster, bleicher Mann, in der förmlichen, spießbürgerlichen Tracht unsrer Vorfahren, die großen dunklen Augen fragend vor sich hin gerichtet, um die vollen weichen Lippen ein Lächeln, halb traurig halb spöttisch. Im Arm aber ruhte ihm eine unscheinbare dunkle Geige, auf der er fort und fort spielte, langsam weitergehend, ohne meiner oder des Weges zu achten. Tausend Empfindungen stürmten auf mich ein, aber so sehr mir die Brust vor Erregung bebte und arbeitete, kein Wort entrang sich meiner Kehle, stumm stand ich da, ohne den Blick von dem wundersamen Geiger abwenden zu können. Ohne abzubrechen, war er aus dem lockenden Reigen übergegangen in ein leises inniges Flehen. Da war's mir als hielte gleich mir die ganze Schöpfung den Atem an, dem sehnsuchtsvollen Werben zu lauschen. Und wo er ging, da leuchteten die weißen Sternblumen heller, und durch die Bäume ging ein wonniges Beben. Und wie die Töne immer heißer, inniger flehten, da öffnete sich die unentwirrbar grüne Wand, die verschlungenen Äste lösten sich lautlos und vor uns lag ein grüner Waldpfad. Da erklang es wie gestilltes Liebessehnen, goldne Töne schwangen sich auf zu den alten Wipfeln, die rauschend zusammenschlugen. Der unbeschreiblich süße Hauch, der auf den Märchen unserer Kindheit liegt, umschwebte mich wieder, dazwischen scholl das Lied, mit dem mich meine Mutter in den Schlaf gesungen. Dann schmetterten wilde kriegerische Töne durch den horchenden Wald, wie die empörten Wogen eines Gießbaches schwollen die Töne an, klirrend stießen sie aneinander, die Erde erdröhnte vom wütenden Anprall; endlich floß allesbrausender Siegesruf, der Schrei der Verzweiflung, ohnmächtiges Stöhnen in *einen* brausenden Chorgesang zusammen, fessellos und unergründlich wie das tobende Meer. Schaurig hallte es an den Wänden. Alles was in meinem Herzen übrig geblieben von flammender Begeisterung heißem Ringen der Jugend schlug noch einmal lodernd auf. Noch hallten die Schwingungen des wilden chaotischen Tonsturmes von Stamm zu Stamm, als schon wieder neue Lieder aus der Geige quollen, zart, wie wenn im silbernen Mondstrahl Elfenreigen um Moor und Halde schweben. Süßes Vergessen, sorglose Verborgenheit, von Blumenglück und Blumenleid, von langen Wintern, da die Erde schläft und von seligem Erwachen des Frühlings plauderten und flüsterten die Töne. Ich weiß nicht, wie lang wir so dahinschritten durch den dunklen hohen Wald, er unermüdlich spielend, ich horchend mit jeder Faser meines Herzens. Aber als wir heraustraten aus dem Dunkel an den kahlen Felsgrat, da stand die Sonne tief im Westen; schwere bleigraue Wolken waren heraufgezogen und ein rauher Windstoß fegte den felsigen Abhang herab uns entgegen, und der See tief zu unsern Füßen sah tiefblau fast drohend herauf, und hie und dort trug er weiße Schaumkronen. Unser Pfad ward eng und schwindlich und zu beiden Seiten schroffe Abstürze, von phantastischen Klippen und Zacken unterbrochen. Kaum hie und da gewährte die Wurzel einer verkrüppelten Föhre dem

Fuß einen sicheren Anhaltspunkt. Er schritt dahin ohne auszugleiten, ohne sein Spiel zu unterbrechen, es schien ihn die Gewalt seiner Töne emporzutragen und zu leiten. Mühvoll, keuchend, mit blutenden Händen jede Zacke, jeden Ast benutzend folgte ich ihm, wie gebannt von der Gewalt dieser Töne. Einmal bei einer Biegung, konnte ich ihm ins Gesicht sehen, es war bleich wie früher, aber die Augen glühten, und der Mund war weit geöffnet. Immer heißer, unstäter scholl sein Spiel. Mich ergriffs ins Herz mit schmerzlicher Gewalt, wie die Klänge flehten und rangen, tobten und weinten. Wie ich schaudernd über den Abgrund hinab blickte, über den der Wind sie mir zuwehte, war mir, als stünde ich vor dem großen Rätselhaften, das ein Menschengemüt bewegt. Da verfinsterte sich die Sonne, sausend flog der Wind um den nächsten Vorsprung, die ersten schweren Regentropfen fielen mir auf die glühende Stirn. Vor mir aber suchten und knirschten, wühlten und wimmerten die Geigentöne und übertäubten das Heulen der Wogen, die tief drunten in ohnmächtiger Wut gegen die unerschütterliche Felswand tobten, bis sie zu weißer Gischt zersprühten. Wilder jagte der Wind daher, der See war eine weiße Fläche, stöhnend hob und senkte sich der Wald. An die Felswand geschmiegt, mit beiden Händen eine Zacke umklammernd, stand ich, mein Blick aber hing an ihm, wie er höher und höher stieg, ohne zu wanken, ohne Atem zu schöpfen. Ich hörte sein Spiel nicht mehr, denn um mich zischte der Wind in den Nadeln, donnerten Blöcke die grundlose Tiefe hinab. Nur dann und wann warf mir der Sturm mit einem Gusse eisigen Regens ein paar losgerissene kreischende Töne zu. Er war schon weit, weit von mir, und mir war, als sähe er sich nach mir um mit dem stummen, hilflosen herzzerreißenden Blick der Verzweiflung. Da fegte der Sturm eine schwarze Wolke über die Schluchten; die Schroffen und Zinken streckten ihre Fangarme nach den gehetzten Wolken aus, sie zu Fetzen zerreißend, ein feuchter erstickender Schleier füllt den Abgrund zu meinen Füßen aus, die Steine, an denen ich hänge, wanken, krachend stürzen sie hinab, noch hänge ich

mit beiden Händen an der Wurzel; eine schwache Wurzel einer Zwergfichte; ich fühle, wie sie meinem Gewicht nachgibt, ihre Fasern lösen, und ich stürze.
Als ich erwachte, war ich durchnäßt, und rings um mich trieften die Bäume.

Günter Eich

Der zweite Traum

Am 5. November 1949 träumte die fünfzigjährige Tochter des Reishändlers Li Wen-Tschu in Tientsin einen Traum, der ohne Zweifel ein schlechtes Licht auf dieses alte Mädchen werfen könnte. Doch versichern ihre Eltern und Geschwister, daß sie eine gutmütige und harmlose Person sei. Vermutlich werden die angenehmen Träume dieser Welt von den Schurken geträumt.

Auf der Straße.

FRAU Nummer 75b. Hier ist das Haus.

MANN Du hättest Tschang-du besser kämmen sollen. Er sieht nicht appetitlich aus. Putz ihm die Nase!

Schneuzen.

KIND Müssen wir in dieses Haus, Mutter?

FRAU Ja, Tschang-du.

KIND Was wollen wir da?

FRAU Ach, nichts Besonderes.

MANN Bist du jetzt fertig mit dem Jungen?

FRAU Ja.

MANN Dann klingle ich. *Klingeln.*

KIND Das ist eine laute Klingel.

MANN Hast du keinen Kamm mitgenommen? Seine Haare sind unordentlich.

FRAU Ach, das ist jetzt gleich.
MANN Es ist keineswegs gleich.
KIND Ich kann ja draußen bleiben, Vater.
MANN Das fehlte gerade noch.
FRAU Es macht niemand auf.
KIND Nein, bitte nicht nochmal klingeln!
MANN Warum nicht?
KIND Die Klingel ist laut. Ich habe Angst.
MANN Das ist Unsinn.
FRAU Ich höre jemanden.
Die Tür wird geöffnet.
MANN Wir kommen wegen der Anzeige in der Zeitung.
DAME Wegen der Anzeige, so. Ist das das Kind?
FRAU Der Wind hat ihm das Haar zerzaust.
DAME Hm.
MANN Hoffentlich haben Sie noch Bedarf. Oder kommen wir zu spät?
DAME Er sieht bleich aus. Ist er blutarm?
KIND Komm hier weg, Mutter!
FRAU Er ist bleich, weil er Angst hat.
DAME Angst? Wieso? Weiß er etwas?
FRAU Nein.
DAME Also kommen Sie herein.
Alle treten ein. Die Tür wird geschlossen.
DAME Das ist mein Mann. Er ist krank. Hallo, Pi-gu!
HERR *schwach:* Ja?
DAME Hier sind Leute mit einem Kind.
HERR Ja.
DAME Ich schätze, er ist sechs Jahre alt.
FRAU Genau.
DAME Sieh ihn dir an, Pi-gu!
HERR Er soll näher kommen.
MANN Er heißt Tschang-du.
DAME Es ist ziemlich gleichgültig, wie er heißt.
KIND *bricht in Weinen aus.*
FRAU Was ist, Tschang-du?

KIND Der Herr hat so kalte Finger.

FRAU Hab dich nicht. Das ist die Krankheit.

KIND Ich will weg.

MANN Still jetzt!

KIND *schluchzt leiser.*

HERR Er ist bleich.

DAME Das sage ich auch.

MANN Er ist nicht blutarm.

HERR Wenn er blutarm ist, kann ich ihn nicht brauchen.

MANN Ich garantiere Ihnen dafür, daß er nicht blutarm ist.

DAME Es kommt vor allem auf das Blut an.

FRAU Freilich, das wissen wir. Es war in der Annonce gesagt.

DAME Das ist die neue Therapie, verstehen Sie.

FRAU Eine große Tat der Medizin, ein Segen für die Menschheit.

DAME Aber ich weiß nicht, ob der kleine Tschang-du geeignet ist.

MANN Meine Frau hat jedes Jahr ein Kind, manchmal Zwillinge. Sie sind alle für die neue Therapie verwendet worden.

FRAU Sechs Jahre ist das beste Alter.

MANN Wir liefern nur gesunde Kinder von erstklassiger Zucht. Hier, – ich habe Referenzen.

DAME Zeigen Sie! – Aha.

FRAU Zeig dem Herrn deinen Hals, Tschang-du!

KIND *schluchzend:* Ja.

HERR Hier ist die Schlagader, An-Ling.

DAME Ja. Aber diesmal kann es das Mädchen machen.

HERR Versteht sie es?

DAME Natürlich.

HERR Ich halte nicht viel von Dienstmädchen. Aber wenn du meinst.

DAME Die Referenzen sind übrigens vorzüglich.

HERR Also meinetwegen.

DAME Wir müßten dann über den Preis sprechen.

MANN Dreitausend.

DAME Entschuldigen Sie, aber Sie sind verrückt.

MANN Soviel bekommt man sonst für Vier- und Fünfjährige. Wir haben die Ausgaben für ihn ein ganzes Jahr lang länger gehabt.

DAME Zweifünf. Wir können keine Überpreise zahlen.

MANN Nicht unter dreitausend. Ich habe feste Preise. Außerdem müssen Sie die ideellen Werte mit berechnen.

DAME Machen Sie sich nicht lächerlich.

FRAU Komm, Tschang-du, wir gehen.

KIND Ja, Mutter.

HERR Halt!

DAME Was ist, Pi-gu?

HERR Schreib den Scheck aus.

DAME Wenn du durchaus willst.

KIND Komm hier weg, Mutter!

FRAU Warte!

DAME Hier ist der Scheck.

MANN Danke. Sie werden zufrieden sein.

KIND Gehen wir jetzt?

FRAU Vater und ich gehen jetzt. Du bleibst ein bißchen hier.

KIND Ich will nicht hierbleiben.

FRAU Hab dich nicht. Hier ist es viel schöner als bei uns.

DAME Wollen Sie die Kleider gleich mitnehmen?

MANN Wir holen sie morgen ab. Wir würden Sie dann auch um eine Referenz bitten.

DAME Also gut. Auf Wiedersehen.

FRAU Auf Wiedersehen.

MANN Und vielen Dank.

FRAU Wir kommen gleich wieder, Tschang-du, wir wollen nur was einkaufen.

KIND *schluchzend:* Ja, Mutter.

MANN Nun komm endlich!

Mann und Frau gehen hinaus.

DAME Ich sage dem Mädchen Bescheid, daß sie alles vorbereitet.

HERR Ja, tu das, An-ling, ich habe gräßlichen Hunger.

Dame *sich entfernend:* Li-bai!

Herr Was siehst du mich so an, Tschang-du?

Kind Du bist so weiß im Gesicht.

Herr Nun, das wird sich hoffentlich bald ändern. Du, in der Küche haben wir eine Eisenbahn zum Spielen, eine elektrische.

Kind Ja?

Herr Spielst du gern Eisenbahn?

Kind Ja, furchtbar gern.

Herr Dann gehst du nachher zu Li-bai in die Küche und spielst da.

Kind Oh, ja.

Die Schritte der Dame nähern sich.

Dame Es ist alles fertig.

Herr Gott sei Dank. Ich bin schon sehr schwach. Der kleine Tschang-du will mit der Eisenbahn spielen.

Dame Mit der Eisenbahn?

Herr Ja, in der Küche.

Beide brechen in Gelächter aus.

Kind *beginnt ebenfalls zu lachen.*

Dame Geh jetzt dort hinein. Dort ist die Küche.

Kind Ja, Tante. *Er geht.*

Kind *entfernt:* Da ist gar keine Eisenbahn.

Dame Geh jetzt dort hinein. Li-bai, machen Sie die Tür zu.

Die Tür wird geschlossen.

Herr Meinst du, daß Li-bai das richtig macht?

Dame Sie hat es in ihrer vorigen Stellung auch schon gemacht.

Herr Mir wäre es lieber gewesen, du hättest es selber gemacht.

Dame Wozu hätten wir ein Mädchen, wenn ich die Schmutzarbeit selber tun sollte?

Herr Schließlich hängt meine Gesundheit davon ab.

Dame Entschuldige, Liebling, aber ich bin in letzter Zeit so empfindlich geworden. Als ich neulich die Taube schlachten sollte, fiel ich in Ohnmacht.

Herr Du solltest wenigstens dabei sein und sehen, daß alles richtig gemacht wird.

DAME Wenn du das Blut getrunken hast, brät dir Li-bai das Herz und die Leber.

HERR Verdammt lange dauert das. *Tschang-dus Schreien in der Küche, das während des Folgenden verstummt.*

HERR *zornig:* Da! Hörst du! Sie hat ihn nicht richtig betäubt. Und ich muß mir das anhören.

DAME Nun beruhige dich. Er ist schon still.

Die Tür wird geöffnet. Schritte nähern sich.

DAME Siehst du, da ist die Schüssel mit dem Blut, es dampft noch. Das wird dir gut tun.

Richard Dehmel

Böser Traum

Was kannst du gegen Träume, Mensch, die tückisch
selbst auch den Männlichsten, mit Engelshänden
oder mit Teufelsfäusten, in den Himmel
samt Hölle seines Kinderglaubens führen?
In solchem Traum erschien mir heute Nacht
der böse Feind und sah mich furchtbar an.
Er hatte das Gesicht von einem Freunde,
dem ich sein Weib in aller Freundschaft nahm,
und setzte auf mein wehrlos Herz ein Messer
und sprach – nein, was er sprach, vergaß ich schon.
Er sah mit Wollust, wie die rostige Spitze
auf meiner Haut im Takte meiner Pulse
sich hob und senkte, sah mich gierig an.
Ich aber bohrte meine blauen Augen
in seine braunen tief empor und sagte:
Wenn du mich kenntest, zögertest du nicht.
Und als sein Blick ineins mit meinem sank

und bläulich wurde, dacht' ich: Wärst du nicht
der böse Feind, so müßtest du mich lieben,
ich habe dich von einer Last erlöst.
Was ich dir nahm, ist niemals dein gewesen;
was du mir nehmen kannst, war niemals mein.
Drum, wenn du mußt, so töte mich! mein Tod
wird dir viel weher tun als je mein Leben,
das Keinem weher tat als Mir ... »Wach auf!« –

Paula Ludwig

Die Wahl

Man hatte mir meinen fünfjährigen Sohn gestohlen. Ich suchte ihn überall im Garten zwischen den Bäumen, zwischen den Steinen, zwischen den Blumen, aber ich fand ihn nicht mehr auf der Erde.
Ich kletterte über die hohe Mauer des Gartens und sprang auf der andern Seite in die Tiefe hinab. Da sank ich in einen Berg hinein. Ich ging durch viele, viele Säle. Überall saßen Zwerge und starrten mich an.
Im letzten Saal aber saß eine Frau. Sie hatte auf ihrem Schoße einen Säugling, und ihr zur Seite stand mein Sohn.
Als ich nahe herantrat, blickte ich dem Säugling in die Augen, und sie lächelten mir so bekannt entgegen.
Die Frau sagte: ›Dieses Kind hat die Seele deines Sohnes, und hier ist sein Körper mit einer fremden Seele. Wähle, welches Kind du nun haben willst!‹
Ich sah den Körper meines Sohnes an, und es drängte mich heiß, ihn zu umarmen: sein Gesicht, sein Haar, seine Beinchen, seine Händchen ... Aber da sah der Säugling mich an mit dem Ausdruck meines Kindes in den Zügen ...
Ich blickte von einem zum andern – ich fühlte, ich werde ewig

vor ihnen stehen müssen und werde mich nie entscheiden können.

Günter de Bruyn

Brausebad

Das Wasser ist gut temperiert, heiß, aber nicht zu heiß, sein Druck richtig bemessen, stark, aber nicht zu stark. Gleichmäßig schlägt es auf Kopf, Schultern und Rücken, läuft an Bauch und Beinen ab, nimmt Seifenschaum mit und verschwindet unter den Holzrosten, deren Latten sich in die Fußsohlen drücken.

Der Genuß, den Wärme und Sauberkeit mir bereiten, läßt auf vorhergehende Kältestarre und Schmutzverkrustung schließen. Die Gelenke sind von jugendlicher Geschmeidigkeit. Ich strecke die Arme, werfe den Kopf in den Nacken, lasse die Ströme auf Gesicht, Brust und Bauch klatschen. Hinter Dampfwolken wird die Decke sichtbar, ein riesiges Sieb, durch deren Löcher das Wasser fällt.

Begrenzungen lassen sich nicht erkennen, aber groß muß der Raum sein, denn die stimmenähnlichen Laute, die manchmal das Gleichmaß des Rauschens stören, kommen von weit her. Zwischen mir und den anderen steht eine Wand aus Nebel und Wasser. Ich schließe die Augen, gebe mich dem Glück des Augenblicks hin, der unendlich scheint.

Ein leises Pfeifen schwillt an zum Heulen, bricht abrupt ab, mit ihm die Wasserzufuhr. Die plötzliche Stille füllt sich mit Stimmen, mit Fluchen. Nackte Füße klatschen auf nasses Holz. Dampf schlägt sich nieder, gibt den Blick frei auf Massen männlichen Fleischs, weiß, rötlich, picklig, behaart, auf Hängebäuche, Fettwülste, lederne Haut, vorstehende Knochen, faltige Gesäße, auf Muttermale und Narben.

Unruhigen Schritts strebt das alles zum Ausgang, staut sich vor ihm, verknäult sich, ich mitten darin. Haut preßt sich an Haut. Man drängt von hinten, von seitwärts. Ein Stoß treibt mich durch die Tür, in den langen Gang, in dem rechts und links Holzbänke stehen, auf ihnen die Kleidung, sorgsam zusammengelegt, geschichtet, gerichtet, auf jedem Packen ein Handtuch.
Die Füße frieren auf kaltem Beton. Eilig trocknen wir die fröstelnden Körper, streifen die langbeinigen Unterhosen über, die langarmigen Unterhemden, die grauen Pullover, die grauen Hosen, die grauen Jacken, stülpen die grauen Mützen auf nasses Haar, hocken auf den Bänken, wickeln Fußlappen mit geübten Händen und zwängen Füße in harte Stiefel.
Jetzt erst sehe ich die Gesichter. Alle sind alt. Auch meins ist alt, aber nicht auf diese unanständige Art. Ich bin natürlichen Alters, die Häßlichkeit um mich herum aber ist Maskerade. Die Tränensäcke und Falten, Glatzen und Doppelkinne wirken wie angeklebt. Und alles stinkt nach Lysol.
In nervöser Hast wälzt die graue Masse sich durch den Gang. Mich quält der Gestank der Tuche und der Anblick der Gesichter, die mir fratzenhaft verkleidet nur vorkommen können, weil sie mir bekannt sind.
Draußen liegt Schnee. Von der Barackentür aus verbreiten sich über die weiße Fläche strahlenförmig schwarze Wege, die alle an Erdaufschüttungen enden. Die Masse teilt sich in kleine Gruppen. Greisenhaft trippelnd eilen wir auf die Wälle zu, passieren den holzverschalten Eingang, greifen nach den Helmen und treten an unsere Plätze. Schon werden Anflüge von Bomberverbänden gemeldet. Die Kanone schwenkt herum, ihr Rohr hebt sich. Der Verschluß schnappt zu. Die Hand liegt am Abzug. Und in dem Moment, in dem der Schuß dröhnt, erkenne ich unter den Altersmasken die Schülergesichter von Krohn, Eggers, Eiserbeck, Hallwaß und Henning wieder und weiß genau, daß wir noch immer dabei sind, nie entlassen wurden, nie entlassen werden, daß wir in Uniform alterten und das, was ich Leben nannte, nur Traum war, geträumt im kurzen Moment des Vergessens unter der Brause.

Christian Morgenstern

Der Traum der Magd

Am Morgen spricht die Magd ganz wild:
»Ich hab heut nacht ein Kind gestillt –

ein Kind mit einem Käs als Kopf –
und einem Horn am Hinterschopf!

Das Horn, o denkt euch, war aus Salz
und ging zu essen, und dann –«

»Halt's –

halt's Maul«, so spricht die Frau, »und geh
an deinen Dienst, Zä-zi-li-ē!«

Gottfried Benn

Acheron

Ein Traum: – von dir! Du Tote schrittest kühl
im Durcheinander streifender Gestalten,
die ich nie sah – ein wogendes Gewühl,
mein Blick, der suchte, konnte dich nicht halten.

Und alles starrte wie aus fremder Macht,
denn alles trank sich Rausch aus weißen Drogen,
selbst Kindern ward ein Lid herabgezogen
und in die Falte Salbe eingebracht.

Zwei Knaben führtest du – von mir doch nicht,
von dir und mir – nein, ich erhielt doch keine,
auch ließest du mich dann nicht so alleine
und zeigtest mir nur flüchtig dein Gesicht,

nein, du – Diana einst und alabastern,
ganz unvermischbar jedem Fall und Raum –
schwandest in diesem Zug aus Schmach und Lastern
und littest – sah ich so – in diesem Traum.

Wolfgang Borchert

Radi

Heute nacht war Radi bei mir. Er war blond wie immer und er lachte in seinem weichen breiten Gesicht. Auch seine Augen waren wie immer: etwas ängstlich und etwas unsicher. Auch die paar blonden Bartspitzen hatte er.
Alles wie immer.
Du bist doch tot, Radi, sagte ich.
Ja, antwortete er, lach bitte nicht.
Warum soll ich lachen?
Ihr habt immer gelacht über mich, das weiß ich doch. Weil ich meine Füße so komisch setzte und auf dem Schulweg immer von allerlei Mädchen redete, die ich gar nicht kannte. Darüber habt ihr doch immer gelacht. Und weil ich immer etwas ängstlich war, das weiß ich ganz genau.
Bist du schon lange tot? fragte ich.
Nein, gar nicht, sagte er. Aber ich bin im Winter gefallen. Sie konnten mich nicht richtig in die Erde kriegen. War doch alles gefroren. Alles steinhart.
Ach ja, du bist ja in Rußland gefallen, nicht?
Ja, gleich im ersten Winter. Du, lach nicht, aber es ist nicht schön, in Rußland tot zu sein. Mir ist das alles so fremd. Die

Bäume sind so fremd. So traurig, weißt du. Meistens sind es Erlen. Wo ich liege, stehen lauter traurige Erlen. Und die Steine stöhnen auch manchmal. Weil sie russische Steine sein müssen. Und die Wälder schreien nachts. Weil sie russische Wälder sein müssen. Und der Schnee schreit. Weil er russischer Schnee sein muß. Ja, alles ist fremd. Alles so fremd.
Radi saß auf meiner Bettkante und schwieg.
Vielleicht haßt du alles nur so, weil du da tot sein mußt, sagte ich.
Er sah mich an: Meinst du? Ach nein, du, es ist alles so furchtbar fremd. Alles. Er sah auf seine Knie. Alles ist so fremd. Auch man selbst.
Man selbst?
Ja, lach bitte nicht. Das ist es nämlich. Gerade man selbst ist sich so furchtbar fremd. Lach bitte nicht, du, deswegen bin ich nämlich heute nacht mal zu dir gekommen. Ich wollte das mal mit dir besprechen.
Mit mir?
Ja, lach bitte nicht, gerade mit dir. Du kennst mich doch genau, nicht?
Ich dachte es immer.
Macht nichts. Du kennst mich ganz genau. Wie ich aussehe, meine ich. Nicht wie ich bin. Ich meine, wie ich aussehe, kennst du mich doch, nicht?
Ja, du bist blond. Du hast ein volles Gesicht.
Nein, sag ruhig, ich habe ein weiches Gesicht. Ich weiß das doch. Also –
Ja, du hast ein weiches Gesicht, das lacht immer und ist breit.
Ja, ja. Und meine Augen?
Deine Augen waren immer etwas – etwas traurig und seltsam –
Du mußt nicht lügen. Ich habe sehr ängstliche und unsichere Augen gehabt, weil ich nie wußte, ob ihr mir das alles glauben würdet, was ich von den Mädchen erzählte. Und dann? War ich immer glatt im Gesicht?
Nein, das warst du nicht. Du hattest immer ein paar blonde Bartspitzen am Kinn. Du dachtest, man würde sie nicht sehen.

Aber wir haben sie immer gesehen.
Und gelacht.
Und gelacht.
Radi saß auf meiner Bettkante und rieb seine Handfläche an seinem Knie. Ja, flüsterte er, so war ich. Ganz genauso.
Und dann sah er mich plötzlich mit seinen ängstlichen Augen an. Tust du mir bitte einen Gefallen, ja? Aber lach bitte nicht, bitte. Komm mit.
Nach Rußland?
Ja, es geht ganz schnell. Nur für einen Augenblick. Weil du mich noch so gut kennst, bitte.
Er griff nach meiner Hand. Er fühlte sich an wie Schnee. Ganz kühl. Ganz lose. Ganz leicht.
Wir standen zwischen ein paar Erlen. Da lag etwas Helles. Komm, sagte Radi, da liege ich. Ich sah ein menschliches Skelett, wie ich es von der Schule her kannte. Ein Stück braungrünes Metall lag daneben. Das ist mein Stahlhelm, sagte Radi, er ist ganz verrostet und voll Moos.
Und dann zeigte er auf das Skelett. Lach bitte nicht, sagte er, aber das bin ich. Kannst du das verstehen? Du kennst mich doch. Sag doch selbst, kann ich das hier sein? Meinst du? Findest du das nicht furchtbar fremd? Es ist doch nichts Bekanntes an mir. Man kennt mich doch gar nicht mehr. Aber ich bin es. Ich muß es ja sein. Aber ich kann es nicht verstehen. Es ist so furchtbar fremd. Mit all dem, was ich früher war, hat das nichts mehr zu tun. Nein, lach bitte nicht, aber mir ist das alles so furchtbar fremd, so unverständlich, so weit ab.
Er setzte sich auf den dunklen Boden und sah traurig vor sich hin. Mit früher hat das nichts mehr zu tun, sagte er, nichts, gar nichts.
Dann hob er mit den Fingerspitzen etwas von der dunklen Erde hoch und roch daran. Fremd, flüsterte er, ganz fremd. Er hielt mir die Erde hin. Sie war wie Schnee. Wie seine Hand war sie, mit der er vorhin nach mir gefaßt hatte: Ganz kühl. Ganz lose. Ganz leicht.
Riech, sagte er.

Ich atmete tief ein.
Na?
Erde, sagte ich.
Und?
Etwas sauer. Etwas bitter. Richtige Erde.
Aber doch fremd? Ganz fremd? Und doch so widerlich, nicht?
Ich atmete tief an der Erde. Sie roch kühl, lose und leicht. Etwas sauer. Etwas bitter.
Sie riecht gut, sagte ich. Wie Erde.
Nicht widerlich? Nicht fremd?
Radi sah mich mit ängstlichen Augen an. Sie riecht doch so widerlich, du.
Ich roch.
Nein, so riecht alle Erde.
Meinst du?
Bestimmt.
Und du findest sie nicht widerlich?
Nein, sie riecht ausgesprochen gut, Radi. Riech doch mal genau.
Er nahm ein wenig zwischen die Fingerspitzen und roch.
Alle Erde riecht so? fragte er.
Ja, alle.
Er atmete tief. Er steckte seine Nase ganz in die Hand mit der Erde hinein und atmete. Dann sah er mich an. Du hast recht, sagte er. Es riecht vielleicht doch ganz gut. Aber doch fremd, wenn ich denke, daß ich das bin, aber doch furchtbar fremd, du.
Radi saß und roch und er vergaß mich und er roch und roch und roch. Und er sagte das Wort fremd immer weniger. Immer leiser sagte er es. Er roch und roch und roch.
Da ging ich auf Zehenspitzen nach Hause zurück. Es war morgens um halb sechs. In den Vorgärten sah überall Erde durch den Schnee. Und ich trat mit den nackten Füßen auf die dunkle Erde im Schnee. Sie war kühl. Und lose. Und leicht. Und sie roch. Ich stand auf und atmete tief. Ja, sie roch. Sie riecht gut, Radi, flüsterte ich. Sie riecht wirklich gut. Sie riecht wie richtige Erde. Du kannst ganz ruhig sein.

Eckhard Henscheid

Traumkapriolen

Es träumte einer Frau, sie sehe ihre unlängst verstorbene Mutter lebend wieder - indessen so zusammengesunken und elend und wirr und verwirrt in ihrem Lehnstuhl (sie sagte dabei, sie kriege jetzt bald das alte Teetischchen, dann werde schon alles wieder besser), daß die Tochter, im Traum, sich grämte und härmte und weinte und ihr also und infolgedessen, im Traum, den gnadenvollen Tod erwünschte. Darüber, daß sie solche Wünsche dachte, weinte die Tochter im Traum noch herzhafter und bitterlicher - und als sie davon endlich wach geworden ihren Irrtum bemerkte und gewahr wurde, da weinte sie, wach, über den jetzt wieder unumstößlichen Fakt, daß jene, die Mutter, ja also doch wirklich und wahrhaftig tot war.
So kam der Tag heran, bald ging er wieder.

Einem anderen Manne träumte schon ein paar Tage später und im kühlen Morgengrauen, er sei, den Todesbann brechend, mit seiner Mutter auf Reisen und in einem Gasthof abgestiegen - und siehe da, plötzlich merkte der Mann, daß die Mutter, welche ein halbes Jahr vor ihrem Tod an den Rollstuhl gefesselt gewesen war, auf einmal wieder ganz gut laufen konnte und nicht mal eine Krücke o. dgl. mehr nötig hatte zur Fortbewegung. Beide bedauerten nun doppelt, daß die Mutter, sie, tot sei, und die Mutter bat ihren Sohn inständig, doch eventuell mit den verantwortlichen Stellen zu reden und auf sie einzuwirken, daß sie wiederum lebendig würde. Der Mann, im Traum, aber freilich war es dann, der sie, die schon alte Frau, tröstete und darauf hinwies: Es könne aber doch nun gut so bleiben, wie es nun wohl einmal sei. Man könne ja trotzdem u. genau so gut schöne Reisen zusammen machen, die Hauptsache sei ja doch, daß die Beine wiederum in Ordnung seien.

Einem für gewöhnlich recht heiteren und leidlich ausgeglichenen Mann träumte, er mache seinen Großeltern, beide seit fast dreißig Jahren verstorben, gesprächsweise davon Mitteilung, daß seine Mutter, also beider Tochter, welche seit zwei Jahren tot, zwei Tage vor ihrem Hinscheiden ihn, den Sohn, nach ihren Eltern gefragt und, als er ihr von beider längst erfolgtem Tod berichtet, sehr geweint habe; was den beiden Großeltern überaus zu gefallen und sie recht zu freuen schien.

Johannes Mario Simmel

Wir sind von solchem Stoff, wie Träume sind

Ja, war sie tot?

Ich ging langsam in ihren Wohnraum hinüber. Auch hier war es eisig. Da lag der Fleckerlteppich aus bunten Stoffresten, da gab es den Schrank, das Bücherbord, die sechs von Kindern gemalten Bilder an den Wänden, die Stehlampe, den Radioapparat auf dem Kästchen neben dem Bett, das Buch darauf, in dem ich einmal geblättert hatte. Auch das Bett hatte man frisch gemacht, seit Fräulein Luise in jener nun schon so fernen Nacht aufgestanden und zu ihren Freunden auf den Hügel im Moor geeilt war, bevor sie nach Hamburg fuhr.

»Warum wollten Sie unbedingt noch einmal hierherkommen?« fragte Demel.

»Ich will wissen, was übrigbleibt von einem solchen Menschenleben«, sagte ich.

»Nun«, sagte er traurig, »jetzt sehen Sie es. Nicht viel, wie?«

»Wer weiß«, sagte ich.

Ich nahm das Buch vom Nachtkästchen, das da, aufgeschlagen, neben dem Wecker und der Rolle Schlaftabletten lag, das Buch mit der rot angestrichenen Stelle, die ich einmal zu lesen

begonnen hatte. Shakespeare. Gesammelte Werke. Band 3. Diesmal, dachte ich, wollte ich die ganze Stelle lesen, die Fräulein Luise angestrichen hatte, diesmal hatte ich Zeit. ›Der Sturm‹ also, 4. Aufzug, 1. Szene. Prospero spricht: »Das Fest ist nun zu Ende ...«
Ich las, dann reichte ich das Buch Demel. Er nahm den Band, und mit leiser Stimme las er in dem eiskalten Wohnraum diese Zeilen, die ein Nekrolog auf das Fräulein hätten sein können. Diese Zeilen:

»Das Fest ist nun zu Ende; unsere Spieler,
wie ich Euch sagte, waren Geister und
sind aufgelöst in Luft, in dünne Luft.
Wie dieses Scheines lockrer Bau, so werden
die wolkenhohen Türme, die Paläste,
die hehren Tempel, selbst der große Ball,
ja, was daran nur teilhat, untergehn;
und, wie dies leere Schaugepräng' erblaßt,
spurlos verwehn. Wir sind von solchem Stoff,
wie Träume sind, und unser kleines Sein
umfaßt ein Schlaf ...«

›Wir sind von solchem Stoff, wie Träume sind ...‹
Immer wieder mußte ich an diese Stelle denken, während ich im Zug über verschneites Land von Bremen nach Frankfurt zurückfuhr, und in Gedanken nahm ich Abschied von Fräulein Luise, die mein Herz bewegte auf eine Weise, wie es noch nie bewegt gewesen war. Damals wußte ich noch nicht, daß ich nie wirklich Abschied von Fräulein Luise nehmen, daß sie immer bei mir sein, um mich sein, in mir sein sollte.

Franz Kafka

Ein Traum

Josef K. träumte:
Es war ein schöner Tag und K. wollte spazierengehen. Kaum aber hatte er zwei Schritte gemacht, war er schon auf dem Friedhof. Es waren dort sehr künstliche, unpraktisch gewundene Wege, aber er glitt über einen solchen Weg wie auf einem reißenden Wasser in unerschütterlich schwebender Haltung. Schon von der Ferne faßte er einen frisch aufgeworfenen Grabhügel ins Auge, bei dem er haltmachen wollte. Dieser Grabhügel übte fast eine Verlockung auf ihn aus und er glaubte, gar nicht eilig genug hinkommen zu können. Manchmal aber sah er den Grabhügel kaum, er wurde ihm verdeckt durch Fahnen, deren Tücher sich wanden und mit großer Kraft aneinanderschlugen; man sah die Fahnenträger nicht, aber es war, als herrsche dort viel Jubel.
Während er den Blick noch in die Ferne gerichtet hatte, sah er plötzlich den gleichen Grabhügel neben sich am Weg, ja fast schon hinter sich. Er sprang eilig ins Gras. Da der Weg unter seinem abspringenden Fuß weiter raste, schwankte er und fiel gerade vor dem Grabhügel ins Knie. Zwei Männer standen hinter dem Grab und hielten zwischen sich einen Grabstein in der Luft; kaum war K. erschienen, stießen sie den Stein in die Erde und er stand wie festgemauert. Sofort trat aus einem Gebüsch ein dritter Mann hervor, den K. gleich als einen Künstler erkannte. Er war nur mit Hosen und einem schlecht zugeknöpften Hemd bekleidet; auf dem Kopf hatte er eine Samtkappe; in der Hand hielt er einen gewöhnlichen Bleistift, mit dem er schon beim Näherkommen Figuren in der Luft beschrieb.
Mit diesem Bleistift setzte er nun oben auf dem Stein an; der Stein war sehr hoch, er mußte sich gar nicht bücken, wohl aber mußte er sich vorbeugen, denn der Grabhügel, auf den er nicht treten wollte, trennte ihn von dem Stein. Er stand also auf den Fußspitzen und stützte sich mit der linken Hand auf die Fläche

des Steines. Durch eine besonders geschickte Hantierung gelang es ihm, mit dem gewöhnlichen Bleistift Goldbuchstaben zu erzielen; er schrieb: ›Hier ruht –‹ Jeder Buchstabe erschien rein und schön, tief geritzt und in vollkommenem Gold. Als er die zwei Worte geschrieben hatte, sah er nach K. zurück; K., der sehr begierig auf das Fortschreiten der Inschrift war, kümmerte sich kaum um den Mann, sondern blickte nur auf den Stein. Tatsächlich setzte der Mann wieder zum Weiterschreiben an, aber er konnte nicht, es bestand irgendein Hindernis, er ließ den Bleistift sinken und drehte sich wieder nach K. um. Nun sah auch K. den Künstler an und merkte, daß dieser in großer Verlegenheit war, aber die Ursache dessen nicht sagen konnte. Alle seine frühere Lebhaftigkeit war verschwunden. Auch K. geriet dadurch in Verlegenheit; sie wechselten hilflose Blicke; es lag ein häßliches Mißverständnis vor, das keiner auflösen konnte. Zur Unzeit begann nun auch eine kleine Glocke von der Grabkapelle zu läuten, aber der Künstler fuchtelte mit der erhobenen Hand und sie hörte auf. Nach einem Weilchen begann sie wieder; diesmal ganz leise und, ohne besondere Aufforderung, gleich abbrechend; es war, als wolle sie nur ihren Klang prüfen. K. war untröstlich über die Lage des Künstlers, er begann zu weinen und schluchzte lange in die vorgehaltenen Hände. Der Künstler wartete, bis K. sich beruhigt hatte, und entschloß sich dann, da er keinen andern Ausweg fand, dennoch zum Weiterschreiben. Der erste kleine Strich, den er machte, war für K. eine Erlösung, der Künstler brachte ihn aber offenbar nur mit dem äußersten Widerstreben zustande; die Schrift war auch nicht mehr so schön, vor allem schien es an Gold zu fehlen, blaß und unsicher zog sich der Strich hin, nur sehr groß wurde der Buchstabe. Es war ein J, fast war es schon beendet, da stampfte der Künstler wütend mit einem Fuß in den Grabhügel hinein, daß die Erde ringsum in die Höhe flog. Endlich verstand ihn K.; ihn abzubitten war keine Zeit mehr; mit allen Fingern grub er in die Erde, die fast keinen Widerstand leistete; alles schien vorbereitet; nur zum Schein war eine dünne Erdkruste aufgerichtet; gleich hinter

ihr öffnete sich mit abschüssigen Wänden ein großes Loch, in das K., von einer sanften Strömung auf den Rücken gedreht, versank. Während er aber unten, den Kopf im Genick noch aufgerichtet, schon von der undurchdringlichen Tiefe aufgenommen wurde, jagte oben sein Name mit mächtigen Zieraten über den Stein.
Entzückt von diesem Anblick erwachte er.

Jean Paul

Rede des toten Christus vom Weltgebäude herab, daß kein Gott sei

Wenn man in der Kindheit erzählen hört, daß die Toten um Mitternacht, wo unser Schlaf nahe bis an die Seele reicht und selber die Träume verfinstert, sich aus ihrem aufrichten, und daß sie in den Kirchen den Gottesdienst der Lebendigen nachäffen, so schaudert man der Toten wegen vor dem Tode, und wendet in der nächtlichen Einsamkeit den Blick von den langen Fenstern der stillen Kirche weg und fürchtet sich, ihrem Schillern nachzuforschen, ob es wohl vom Monde niederfalle.
Die Kindheit, und noch mehr ihre Schrecken als ihre Entzückungen, nehmen im Traume wieder Flügel und Schimmer an und spielen wie Johanniswürmchen in der kleinen Nacht der Seele. Zerdrückt uns diese flatternden Funken nicht! – Lasset uns sogar die dunkeln, peinlichen Träume als hebende Halbschatten der Wirklichkeit! – Und womit will man uns *die* Träume ersetzen, die uns aus dem unteren Getöse des Wasserfalls wegtragen in die stille Höhe der Kindheit, wo der Strom des Lebens noch in seiner kleinen Ebene schweigend und als ein Spiegel des Himmels seinen Abgründen entgegenzog?

Ich lag einmal an einem Sommerabende vor der Sonne auf einem Berge und entschlief. Da träumte mir, ich erwachte auf dem Gottesacker. Die abrollenden Räder der Turmuhr, die elf Uhr schlug, hatten mich erweckt. Ich suchte im ausgeleerten Nachthimmel die Sonne, weil ich glaubte, eine Sonnenfinsternis verhülle sie mit dem Mond. Alle Gräber waren aufgetan, und die eisernen Türen des Gebeinhauses gingen unter unsichtbaren Händen auf und zu. An den Mauern flogen Schatten, die Niemand warf, und andere Schatten gingen aufrecht in der bloßen Luft. In den offenen Särgen schlief nichts mehr als die Kinder. Am Himmel hing in großen Falten bloß ein grauer, schwüler Nebel, den ein Riesenschatten, wie ein Netz, immer näher, enger und heißer hereinzog. Über mir hörte ich den fernen Fall der Lawinen, unter mir den ersten Tritt eines unermeßlichen Erdbebens. Die Kirche schwankte auf und nieder von zwei unaufhörlichen Mißtönen, die in ihr miteinander kämpften und vergeblich zu einem Wohllaut zusammenfließen wollten. Zuweilen hüfte an ihren Fenstern ein grauer Schimmer hinan, und unter dem Schimmer lief das Blei und Eisen zerschmolzen nieder. Das Netz des Nebels und die schwankende Erde rückten mich in den Tempel, vor dessen Tore in zwei Gifthecken zwei Basilisken funkelnd brüteten. Ich ging durch unbekannte Schatten, denen alle Jahrhunderte aufgedrückt waren. – Alle Schatten standen um den Altar, und allen zitterte und schlug statt des Herzens die Brust. Nur ein Toter, der erst in die Kirche begraben worden, lag noch auf seinem Kissen ohne eine zitternde Brust, und auf seinem lächelnden Angesicht stand ein glücklicher Traum. Aber da ein Lebendiger hineintrat, erwachte er und lächelte nicht mehr; er schlug mühsam ziehend das schwere Augenlid auf, aber innen lag kein Auge, und in der schlagenden Brust war statt des Herzens eine Wunde. Er hob die Hände empor und faltete sie zu einem Gebete; aber die Arme verlängerten sich und lösten sich ab, und die Hände fielen gefaltet hinweg. Oben am Kirchengewölbe stand das Zifferblatt der Ewigkeit, auf dem keine Zahl erschien, und das sein eigener Zeiger war; nur ein schwarzer

Finger zeigte darauf, und die Toten wollten die Zeit darauf sehen.
Jetzt sank eine hohe, edle Gestalt mit einem unvergleichlichen Schmerz aus der Höhe auf den Altar hernieder, und alle Toten riefen: »Christus! ist kein Gott?«
Er antwortete: »Es ist keiner.«
Der ganze Schatten jedes Toten erbebte, nicht bloß die Brust allein, und einer um den anderen wurde durch das Zittern zertrennt.
Christus fuhr fort: »Ich ging durch die Welten, ich stieg in die Sonnen und flog mit den Milchstraßen durch die Wüsten des Himmels; aber es ist kein Gott. Ich stieg herab, so weit das Sein seine Schatten wirft und schaute in den Abgrund und rief: Vater, wo bist Du? Aber ich hörte nur den ewigen Sturm, den Niemand regiert, und der schimmernde Regenbogen aus Westen stand ohne eine Sonne, die ihn schuf, über dem Abgrunde und tropfte hinunter. Und als ich aufblickte zur unermeßlichen Welt nach dem göttlichen Auge, starrte sie mich mit einer leeren, bodenlosen Augenhöhle an; und die Ewigkeit lag auf dem Chaos und zernagte es und wiederkäute sich. - Schreiet fort, Mißtöne, zerschreiet die Schatten; denn Er ist nicht!«
Die entfärbten Schatten zerflatterten wie weißer Dunst, den der Frost gestaltet, im warmen Hauche zerrinnt, und Alles wurde leer. Da kamen, schrecklich für das Herz, die gestorbenen Kinder, die im Gottesacker erwacht waren, in den Tempel und warfen sich vor die hohe Gestalt am Altare und sagten: »Jesus! haben wir keinen Vater?« - Und er antwortete mit strömenden Tränen: »Wir sind Alle Waisen, ich und Ihr, wir sind ohne Vater.«
Da kreischten die Mißtöne heftiger - die zitternden Tempelmauern rückten auseinander - und der Tempel und die Kinder sanken unter - und die ganze Erde und die Sonne sanken nach - und das ganze Weltgebäude sank mit seiner Unermeßlichkeit vor uns vorbei - und oben am Gipfel der unermeßlichen Natur stand Christus und schaute in das mit tausend Sonnen durchbrochene Weltgebäude hinab, gleichsam in das um die

ewige Nacht gewühlte Bergwerk, in dem die Sonnen wie Grubenlichter und die Milchstraßen wie Silberadern gehen.
Und als Christus das reibende Gedränge der Welten, den Fackeltanz der himmlischen Irrlichter und die Korallenbänke schlagender Herzen sah, und als er sah, wie eine Weltkugel um die andere ihre glimmenden Seelen auf das Totenmeer ausschüttete, wie eine Wasserkugel schwimmende Lichter auf die Wellen streut: so hob er, groß wie der höchste Endliche, die Augen empor gegen das Nichts und gegen die leere Unermeßlichkeit und sagte: »Starres, stummes Nichts! Kalte, ewige Notwendigkeit! Wahnsinniger Zufall! Kennt Ihr das unter Euch? Wann zerschlagt Ihr das Gebäude und mich? – Zufall, weißt Du selber, wenn Du mit Orkanen durch das Sternen-Schneegestöber schreitest und eine Sonne um die andere auswehest, und wenn der funkelnde Tau der Gestirne ausblinkt, indem Du vorübergehst? – Wie ist Jeder so allein in der weiten Leichengruft des Alls! Ich bin nur neben mir – O Vater, o Vater! wo ist Deine unendliche Brust, daß ich an ihr ruhe? – Ach, wenn jedes Ich sein eigener Vater und Schöpfer ist, warum kann es nicht auch sein eigener Würgengel sein?« ...
»Ist das neben mir noch ein Mensch? Du Armer! Euer kleines Leben ist der Seufzer der Natur oder nur sein Echo – ein Hohlspiegel wirft seine Strahlen in die Staubwolken aus Totenasche auf Eure Erde hinab, und dann entsteht Ihr bewölkten, wankenden Bilder. – Schaue hinunter in den Abgrund, über welchen Aschenwolken ziehen – Nebel voll Welten steigen aus dem Totenmeere, die Zukunft ist ein steigender Nebel, und die Gegenwart ist der fallende. Erkennst Du Deine Erde?«
Hier schaute Christus hinab, und sein Auge wurde voll Tränen, und er sagte: »Ach, ich war sonst auf ihr: da war ich noch glücklich, da hatte ich noch meinen unendlichen Vater und blickte noch froh von den Bergen in den unermeßlichen Himmel und drückte die durchstochene Brust an sein linderndes Bild und sagte noch im herben Tode: »Vater, ziehe Deinen Sohn aus der blutenden Hülle und heb' ihn an Dein Herz ..., Ach, Ihr überglücklichen Erdenbewohner, Ihr glaubt *Ihn* noch. Vielleicht

geht jetzt Eure Sonne unter, und Ihr fallet unter Blüten, Glanz und Tränen auf die Knie und hebt die seligen Hände empor und rufet unter tausend Freudentränen zum aufgeschlossenen Himmel hinauf: auch mich kennst Du, Unendlicher, und alle meine Wunden, und nach dem Tode empfängst Du mich und schließest sie alle ... Ihr Unglücklichen, nach dem Tode werden sie nicht geschlossen. Wenn der Jammervolle sich mit wundem Rücken in die Erde legt, um einem schönern Morgen voll Wahrheit, voll Tugend und Freude entgegenzuschlummern, so erwacht er im stürmischen Chaos, in der ewigen Mitternacht – und es kommt kein Morgen und keine heilende Hand und kein unendlicher Vater! – Sterblicher neben mir, wenn Du noch lebst, so bete Ihn an: sonst hast Du Ihn auf ewig verloren.«

Und als ich niederfiel und ins leuchtende Weltgebäude blickte, sah ich die emporgehobenen Ringe der Riesenschlange der Ewigkeit, die sich um das Weltenall gelagert hatte, – und die Ringe fielen nieder, und sie umfaßte das All doppelt – dann wand sie sich tausendfach um die Natur – und quetschte die Welten aneinander – und drückte zermalmend den unendlichen Tempel zu einer Gottesackerkirche zusammen – und Alles wurde eng, düster, bang – und ein unermeßlich ausgedehnter Glockenhammer sollte die letzte Stunde der Zeit schlagen und das Weltgebäude zersplittern ... als ich erwachte.

Meine Seele weinte vor Freude, daß sie wieder Gott anbeten konnte, – und die Freude und das Weinen und der Glaube an ihn waren das Gebet. Und als ich aufstand, glimmte die Sonne tief hinter den vollen purpurnen Kornähren und warf friedlich den Widerschein ihres Abendrots dem kleinen Monde zu, der ohne eine Aurora im Morgen aufstieg und zwischen dem Himmel und der Erde streckte eine frohe, vergängliche Welt ihre kurzen Flügel aus und lebte, wie ich, vor dem unendlichen Vater; und von der ganzen Natur um mich flossen friedliche Töne aus, wie von fernen Abendglocken.

Werden Träume wahr? – Traum und Deutung

Worte, die man im Traum vernimmt, sind die reine Wahrheit.

Traumbuch des Nikephoros

Wer zu den Traumdeutern geht, verschleudert sein bestes Gut und verdient die Sklaverei, in die er so unweigerlich gerät.

Elias Canetti

Clemens Brentano

Der Rosentraum

In der Nacht hatte sie sehr wunderbare Träume: es war ihr immer, als wüchsen ihr Rosen aus dem Munde, und sie hatte Magenweh. Diese Träume hatte sie oft, und immer ängstlicher.
Als der kleine Monatsrosenstock wieder eine Rose brachte und sie wieder hinübersprang, war sie ganz melancholisch und krank; Essen und Trinken schmeckten ihr nicht mehr.
Bei dem dritten Rosenfest hatte sie geträumt, sie würde ein Kürbis, und ihr Bruder mußte ihr das mit vieler Mühe ausreden. Aber gegen das vierte Rosenfest setzte sie sich den Gedanken noch viel fester in den Kopf, daß sie ein Kürbis sei, und wollte deswegen auf keine Weise mehr über den Rosenstock springen. Bei dem fünften Rosenfest war sie nicht mehr aus der Stube zu bringen und weinte den ganzen Tag darüber, daß sie ein Kürbis geworden sei.
Der Herzog war sehr betrübt über ihre Einbildung und versammelte alle Ärzte um sie: aber es war ihr nicht mehr auszure-

den. Das sechste Rosenfest kam, da war der Rosenstock schon so groß geworden, daß an kein Springen mehr zu denken war, und besonders, weil sie den ganzen Tag trauerte, daß sie ein Kürbis sei. Am siebenten Rosenfest guckte der Rosenstock ihr ins Fenster; am achten wuchsen seine Zweige schon um ihr Bett, und am neunten breitete er eine ganze Rosenlaube über sie.

Da träumte sie so lebendig, sie sei ein Kürbis und müsse sterben, daß sie ihren Bruder zu sich rufen ließ, der mit Licht hereintrat. Aber wie groß war ihr Erstaunen, als sie morgens neben ihrem Lager einen halben großen goldenen Kürbis stehen sah, in welchem, wie in einer Wiege, ein schönes kleines Mägdlein schlummerte. Da war die Prinzessin sehr gerührt und sagte: »Ach! wenn der gute Prinz Immerundewig da wäre, ich wollte gern seine Gemahlin werden!« Da rauschten die Rosen um sie, und sie hörte eine Stimme:

> Als Rose starb ich, als Rose leb ich,
> Rose bin ich nun Immerundewig.

Da ward die Prinzessin sehr betrübt, denn sie hörte wohl, daß der gute Prinz ihr zulieb ein Rosenstock geworden war, und sie gab dem Mägdlein den Namen Rosenblättchen und trug es mit seinem Bettchen in ihre geheimste Kammer, wo sie es erziehen wollte; denn sie hatte es so lieb, daß sie keinem Menschen es zu sehen gönnte.

Heinrich von Kleist

Erste Begegnung

KÄTHCHEN – Als ich zu Bett' ging, da das Blei gegossen,
In der Sylvesternacht, bat ich zu Gott,
Wenn's wahr wär, was mir die Mariane sagte,
Mögt' er den Ritter mir im Traume zeigen.
Und da erschienst du ja, um Mitternacht,
Leibhaftig, wie ich jetzt dich vor mir sehe,
Als deine Braut mich liebend zu begrüßen.

GRAF VOM STRAHL
Ich wär dir –? Herzchen! Davon weiß ich nichts.
– Wann hätt' ich dich –?

KÄTHCHEN In der Sylvesternacht.
Wenn wiederum Sylvester kommt, zwei Jahr.

GRAF VOM STRAHL
Wo? In dem Schloß zu Strahl?

KÄTHCHEN Nicht! In Heilbronn;
Im Kämmerlein, wo mir das Bette steht.

GRAF VOM STRAHL
Was du da schwatzt, mein liebes Kind. – Ich lag
Und obenein todkrank, im Schloß zu Strahl.
Pause – Sie seufzt, bewegt sich, und lispelt etwas.

DER GRAF VOM STRAHL
Was sagst du?

KÄTHCHEN Wer?

GRAF VOM STRAHL Du!

KÄTHCHEN Ich? Ich sagte nichts.
Pause.

GRAF VOM STRAHL *für sich:*
Seltsam, beim Himmel! In der Sylvesternacht –
Er träumt vor sich nieder.
– Erzähl' mir doch etwas davon, mein Käthchen!
Kam ich allein?

KÄTHCHEN Nein, mein verehrter Herr.

GRAF VOM STRAHL
Nicht? – Wer war bei mir?
KÄTHCHEN Ach, so geh!
GRAF VOM STRAHL So rede!
KÄTHCHEN
Das weißt du nicht mehr?
GRAF VOM STRAHL Nein, so wahr ich lebe.
KÄTHCHEN Ein Cherubim, mein hoher Herr, war bei dir.
Mit Flügeln, weiß wie Schnee, auf beiden Schultern,
Und Licht – o Herr! das funkelte! das glänzte! –
Der führt', an seiner Hand, dich zu mir ein.
DER GRAF VOM STRAHL *starrt sie an:*
So wahr, als ich will selig sein, ich glaube,
Da hast du recht!
KÄTHCHEN Ja, mein verehrter Herr.
GRAF VOM STRAHL *mit beklemmter Stimme:*
Auf einem härnen Kissen lagst du da,
Das Bettuch weiß, die wollne Decke rot?
KÄTHCHEN
Ganz recht! so wars!
GRAF VOM STRAHL Im bloßen leichten Hemdchen?
KÄTHCHEN
Im Hemdchen? – Nein.
GRAF VOM STRAHL Was! Nicht?
KÄTHCHEN Im leichten Hemdchen?
GRAF VOM STRAHL Mariane, riefst du?
KÄTHCHEN Mariane, rief ich!
Geschwind! Ihr Mädchen! Kommt doch her! Christine!
GRAF VOM STRAHL
Sahst groß, mit schwarzem Aug', mich an?
KÄTHCHEN
Ja, weil ich glaubt', es wär ein Traum.
GRAF VOM STRAHL Stiegst langsam,
An allen Gliedern zitternd, aus dem Bett,
Und sankst zu Füßen mir –?
KÄTHCHEN Und flüsterte –

GRAF VOM STRAHL *unterbricht sie:*
Und flüstertest, mein hochverehrter Herr!
KÄTHCHEN *lächelnd:*
Nun! Siehst du wohl? – Der Engel zeigte dir –
GRAF VOM STRAHL
Das Mal – Schützt mich, ihr Himmlischen! Das hast du?
KÄTHCHEN Je, freilich!
GRAF VOM STRAHL *reißt ihr das Tuch ab:*
Wo? Am Halse?
KÄTHCHEN *bewegt sich:* Bitte, bitte.
GRAF VOM STRAHL O ihr Urewigen! – Und als ich jetzt,
Dein Kinn erhob, ins Antlitz dir zu schauen?
KÄTHCHEN Ja, da kam die unselige Mariane
Mit Licht – – – und Alles war vorbei;
Ich lag im Hemdchen auf der Erde da,
Und die Mariane spottete mich aus.
GRAF VOM STRAHL
Nun steht mir bei, ihr Götter: ich bin doppelt!
Ein Geist bin ich und wandele zur Nacht!
Er läßt sie los und springt auf.
KÄTHCHEN *erwacht:*
Gott, meines Lebens Herr! Was widerfährt mir!
Sie steht auf und sieht sich um.
GRAF VOM STRAHL
Was mir ein Traum schien, nackte Wahrheit ist's:
Im Schloß zu Strahl, todkrank am Nervenfieber,
Lag ich danieder, und hinweggeführt,
Von einem Cherubim, besuchte sie
Mein Geist in ihrer Klause zu Heilbronn!

Johann Nestroy

Die geträumte Losnummer

(Leise Musik beginnt. Wolken senken sich über den Hintergrund. Nach einer Weile theilen sich die Wolken, FORTUNA *wird sichtbar mit einem Füllhorn, daraus kommt die transparente Zahl 7359. - Der Schlaf der* DREI GESELLEN *wird unruhig. Die Wolken erheben sich wieder.)*

LEIM *(sich nach und nach ermunternd).* Ah - ah - *(Gähnt.)* Das war ein kurioser Traum - 7359. - Wenn ich's nur nicht vergiß. - Ah, ich merk mir's schon bis morgen. *(Will wieder schlafen.)* Es laßt mir keine Ruh, ich muß - He, Schneider, Schneider! - Der schlaft fest. - Landsmann!

ZWIRN *(sich ermunternd).* Was ist's denn?

LEIM. Hast keine Kreiden?

ZWIRN. Ich glaub nit. - Zu was denn?

LEIM. Mir hat ein Numero tramt.

ZWIRN *(ihm eine Kreide gebend).* Ein Numero hat dir tramt?

LEIM. Ja. Nr. 7359.

ZWIRN. Und mir hat auch ein Numero getramt - es war Nr. 7359.

LEIM. Was? das nämliche Numero? - Bruder, Das hat was zu bedeuten. Nur g'schwind aufg'schrieben. *(Schreibt das Numero auf den Tisch.)*

(Es wird von außen stark geklopft.)

Stimmen *(von außen).* Heda! Aufg'macht! Aufg'macht!

Siebente Scene

*(*VORIGE; HANNERL, SEPHERL. *Dann mehrere* MAURER, ZIMMERLEUTE, MARKTWEIBER *etc.)*

HANNERL. Ich komm schon! *(Oeffnet die Thüre.)*

SEPHERL. Gar keine Ruh hat man!

ZWIRN. Kellnerin! Bring Sie mir ein Spiegel und ein Köllnerwasser.

Sepherl *(aufräumend)*. Vor drei Uhr kommt man in kein Bett und um halber Sechse soll man wieder auf'n Füßen sein. *(Sie wischt das Numero aus.)*

Leim. Unglückliche! Was hast du gethan?

Sepherl *(erschrocken)*. Was sein denn das für Dummheiten?

*(*Die Eintretenden *haben Schnaps etc. verlangt und setzen sich an die Tische.)*

Leim. Schneider, da schau her, 's Numero hat sie ausg'wischt.

Zwirn. Wär nicht übel! – *(Zu* Sepherl.*)* Sie ist eine unüberlegte Person, ein von der Natur vernachlässigtes Geschöpf.

Leim. Weißt du das Numero noch?

Zwirn. Freilich weiß ich's. Schreib auf das Numero. Es war 87 tausend –

Leim. Das war's nicht.

Hannerl *(*Knieriem *aufweckend)*. Aber hör der Herr, schlaft man denn bis Mittag? Sieht Er denn nicht, daß schon wieder Gäst da sein?

Knieriem *(sich halb im Schlaf erhebend, lallt)*. Sieben tausend – drei hundert – neun und fünfzig.

Leim *(schnell auf ihn losfahrend)*. Brüderl, was hast g'sagt?

Knieriem. Mir war im Traum, als wenn in einem ganzen Nebel von G'mischten – ist auf einmal erschienen – Nr. 7359.

Leim. Nein, das geht nicht natürlich zu, alle Drei den nämlichen Traum!

Zwirn. Auf d' Letzt ist uns gar das Glück bestimmt.

Leim. Wie können wir denn was g'winnen, wenn wir kein Los haben?

Knieriem. Wenn 's Glück will, braucht man kein Los.

Antonio Tabucchi

Der Traum des Doktor Sigmund Freud, der die Träume anderer deutete

In der Nacht des 22. September 1939, einen Tag vor seinem Tod, hatte Doktor Sigmund Freud, der die Träume anderer deutete, einen Traum.
Er träumte, er wäre Dora geworden und ginge durch das zerbombte Wien. Die Stadt war zerstört, und aus den Ruinen der Gebäude stiegen Staub und Rauch auf.
Wie ist es möglich, daß diese Stadt zerstört worden ist? fragte sich Doktor Freud und hielt seinen ausgestopften Busen fest. Aber in diesem Augenblick kam ihm in der Berggasse Frau Martha entgegen, die die *Neue Freie Presse* aufgeschlagen vor sich her trug.
Ach, liebe Dora, sagte Frau Martha, eben habe ich gelesen, daß Doktor Freud aus Paris nach Wien zurückgekehrt ist und genau hier, Berggasse Nummer sieben, wohnt, vielleicht würde es Ihnen guttun, sich von ihm untersuchen zu lassen. Und während sie das sagte, schob sie mit dem Fuß die Leiche eines Soldaten beiseite.
Doktor Freud genierte sich sehr und zog sich den Schleier vor das Gesicht. Ich wüßte nicht, warum, sagte er schüchtern.
Weil Sie eine Menge Probleme haben, sagte Frau Martha, wie wir alle haben auch Sie eine Menge Probleme, Sie müssen sich jemandem anvertrauen, und glauben Sie mir, für vertrauliche Mitteilungen gibt es niemand Besseren als Doktor Freud, er weiß alles über die Frauen, hin und wieder scheint er sogar eine Frau zu sein, so sehr versetzt er sich in sie hinein.
Doktor Freud verabschiedete sich höflich, aber schnell, und setzte seinen Weg fort. Ein Stück weiter begegnete er dem Gesellen des Fleischers, der ihn eingehend musterte und ihm dann ein ziemlich eindeutiges Kompliment machte. Doktor Freud blieb stehen, denn am liebsten hätte er ihn verprügelt, aber der Geselle des Fleischers sah auf seine Beine und sagte:

Dora, du bräuchtest einen richtigen Mann, anstatt dich immer nur mit deinen Phantasien zu beschäftigen.
Doktor Freud blieb verärgert stehen. Und woher willst du das wissen? fragte er ihn.
Das weiß ganz Wien, sagte der Geselle des Fleischers, du hast zu viele sexuelle Phantasien, Doktor Freud hat das festgestellt.
Doktor Freud hob die Fäuste. Das war wirklich zuviel. Er, Doktor Freud, sollte sexuelle Phantasien haben. Dabei waren es doch die anderen, die solche Phantasien hatten, die, die ihm vertrauliche Mitteilungen machten. Er war ein hochanständiger Mann, und diese Art von Phantasien war ein Problem, das Kinder und Neurotiker hatten.
Reg dich nicht auf, sagte der Geselle des Fleischers und kniff ihn in die Wange.
Doktor Freud plusterte sich auf vor Stolz. Immerhin war es schön, von einem virilen Fleischergesellen so intim behandelt zu werden, und immerhin war er Dora, die unanständige Probleme hatte.
Er ging die Berggasse weiter und gelangte zu seiner Wohnung. Seine Wohnung, seine schöne Wohnung, gab es nicht mehr, sie war von einer Granate zerstört worden. Aber im Hof, der verschont geblieben war, stand seine Couch. Und auf der Couch lag ein Lümmel mit Holzpantoffeln und heraushängendem Hemd und schnarchte.
Doktor Freud ging zu ihm hin und weckte ihn. Was machst du hier? fragte er ihn.
Der Lümmel schaute ihn aus weitaufgerissenen Augen an. Ich suche Doktor Freud, sagte er.
Doktor Freud, das bin ich, sagte Doktor Freud.
Das soll wohl ein Scherz sein, gnädige Frau, antwortete der Lümmel.
Nun, sagte Doktor Freud, ich werde Ihnen etwas gestehen; heute habe ich beschlossen, das Aussehen einer meiner Patientinnen anzunehmen, deshalb bin ich so angezogen, deshalb bin ich Dora.

Dora, sagte der Lümmel, ich liebe dich doch. Und dabei umarmte er ihn. Doktor Freud war sehr verwirrt und ließ sich auf die Couch fallen. Und in diesem Augenblick wachte er auf. Es war seine letzte Nacht, aber das wußte er nicht.

Joseph, der Traumdeuter

Erste Talentprobe, aus dem Alten Testament

Und es begab sich danach, daß sich der Mundschenk des Königs von Ägypten und der Bäcker versündigten an ihrem Herrn, dem König von Ägypten. Und der Pharao wurde zornig über seine beiden Kämmerer, gegen den Obersten über die Schenken und gegen den Obersten über die Bäcker, und ließ sie setzen in des Amtmanns Haus ins Gefängnis, wo Joseph gefangen lag. Und der Amtmann gab ihnen Joseph bei, daß er ihnen diente. Und sie saßen etliche Zeit im Gefängnis.
Und es träumte ihnen beiden, dem Schenken und dem Bäcker des Königs von Ägypten, in *einer* Nacht einem jeden ein eigener Traum, und eines jeden Traum hatte seine Bedeutung. Als nun am Morgen Joseph zu ihnen hineinkam und sah, daß sie traurig waren, fragte er sie und sprach: Warum seid ihr heute so traurig? Sie antworteten: Es hat uns geträumt, und wir haben niemand, der es uns auslege. Joseph sprach: Auslegen gehört Gott zu; doch erzählt mir's.
Da erzählte der oberste Schenk seinen Traum und sprach zu Joseph: Mir hat geträumt, daß ein Weinstock vor mir wäre, der hatte drei Reben, und er grünte, wuchs und blühte, und seine Trauben wurden reif. Und ich hatte den Becher des Pharao in meiner Hand und nahm die Beeren und zerdrückte sie in den Becher und gab den Becher dem Pharao in die Hand. Joseph sprach zu ihm: Das ist seine Deutung: Drei Reben sind drei

Tage. Nach drei Tagen wird der Pharao dein Haupt erheben und dich wieder in dein Amt setzen, daß du ihm den Becher in die Hand gebest wie vormals, als du sein Schenk warst. Aber gedenke meiner, wenn dir's wohlgeht, und tu Barmherzigkeit an mir, daß du dem Pharao von mir sagst und mich so aus diesem Hause bringst. Denn ich bin aus dem Lande der Hebräer heimlich gestohlen worden; und auch hier hab ich nichts getan, weswegen sie mich hätten ins Gefängnis setzen dürfen.
Als der oberste Bäcker sah, daß die Deutung gut war, sprach er zu Joseph: Mir hat auch geträumt, ich trüge drei Körbe mit feinem Backwerk auf meinem Haupt und im obersten Korbe allerlei Gebackenes für den Pharao, und die Vögel fraßen aus dem Korbe auf meinem Haupt. Joseph antwortete und sprach: Das ist seine Deutung: Drei Körbe sind drei Tage. Und nach drei Tagen wird der Pharao dein Haupt erheben und dich an den Galgen hängen, und die Vögel werden dein Fleisch von dir fressen.
Und es geschah am dritten Tage, da beging der Pharao seinen Geburtstag. Und er machte ein Festmahl für alle seine Großen und erhob das Haupt des obersten Schenken und das Haupt des obersten Bäckers unter seinen Großen und setzte den obersten Schenken wieder in sein Amt, daß er den Becher reiche in des Pharao Hand, aber den obersten Bäcker ließ er aufhängen, wie ihnen Joseph gedeutet hatte. Aber der oberste Schenk dachte nicht an Joseph, sondern vergaß ihn.

Michael Köhlmeier

Traumdeuterische Glanzleistung

Zwei Jahre vergingen. Josef lag immer noch im Gefängnis. Da hatte der Pharao eines Nachts einen Traum. Er erzählte diesen Traum seinen Traumdeutern.
»Ich habe geträumt«, sagte er, »ich sitze am Ufer des Nil, und aus dem Nil steigen sieben fette Kühe. Sie grasen auf den Weiden, und es ist eine Wonne, ihnen zuzusehen. Dann auf einmal steigen sieben magere Kühe aus dem Nil. Sie gehen auf die fetten Kühe zu und fressen sie auf. Ich bin aufgewacht, weil ich Angst hatte. Ich wollte schreien, aber ich konnte nicht, und ich schlief wieder ein. Ich träumte noch einmal. Ich sah, wie sieben fette Getreideähren aus einem einzigen Halm sprossen. Daneben wuchs aus dem Boden eine dürre Ähre – grau, dürr und hart. Aber diese Ähre wickelte sich um die fetten Ähren und würgte sie zu Tode.«
Die Traumdeuter berieten sich und sagten nach einigen Tagen: »Also, wir sind übereingekommen, wir wissen, was der Traum ungefähr bedeutet. Du wirst sieben Töchter bekommen, diese sieben Töchter werden wunderschön sein, und dann, bevor sie heiraten, werden alle sieben Töchter Krankheiten bekommen und werden sterben.«
Der Pharao sagte: »Das klingt einleuchtend, aber ich merke, das ist nicht die Empfindung meines Traumes. Ihr sprecht von etwas anderem.«
Zufällig war bei diesem Gespräch der Mundschenk anwesend, dem fiel ein, was er Josef im Gefängnis versprochen hatte.
Er sagte zum Pharao: »Pharao, ich war im Gefängnis, da war ein Mann, der hat mir meinen Traum gedeutet, und er hat dem Bäcker seinen Traum gedeutet. Und beide Deutungen waren richtig. Ich kam frei, und der Bäcker verlor seinen Kopf. Vielleicht weiß dieser Mann, wie dein Traum zu deuten ist.«
Der Pharao war ein vorurteilsloser Mann, ein weltoffener Mann. Er ließ tatsächlich Josef aus dem Gefängnis holen. –

Man muß sich das einmal vorstellen: Der mächtigste Mann des großen Ägypten läßt einen Knastbruder kommen, damit er ihm einen Traum deutet!
Der Pharao erzählte seinen Traum, und Josef sagte: »Gott will dir eine Nachricht schicken. Er schickt dir zwei Träume, die beide dasselbe bedeuten: Die fetten Kühe und die fetten Getreideähren bedeuten sieben Jahre. Es werden sieben sehr fruchtbare Jahre sein für Ägypten. Aber nach diesen sieben Jahren werden Jahre der Dürre, der Hungersnot kommen, auch wieder sieben Jahre. Mein Gott, der mir sagt, wie ich diesen Traum deuten soll, er sagt mir auch, ich soll dich darauf aufmerksam machen, daß du Vorsorge treffen sollst. In den sieben fetten Jahren mußt du die Ernährung der Bevölkerung für die nächsten sieben Jahre organisieren. Du mußt alles überschüssige Getreide aufkaufen, du mußt Speicher bauen lassen, du mußt überall im Land diese Speicher aufstellen. Du mußt einen Vizekönig einsetzen, der das alles organisiert. Denn es wird das wichtigste, es wird das allerwichtigste, das überlebenswichtige Thema sein!«
Josef war sehr geschickt.
Der Pharao fragte: »Kennst du jemanden, der das organisieren könnte?«
Josef senkte die Augen. Da wußte der Pharao: Na, wer wohl?
Er rief seine Beamten zu sich und sagte: »Dieser Mann hier, Josef, der mir meine Träume gedeutet hat, er soll mein Vizekönig werden!«
Der Pharao stattete Josef mit nahezu absoluter Macht aus. Josef wurde der Doppelgänger des Pharaos genannt. Josef begann unverzüglich mit der Arbeit: Er ließ Speicher bauen, er kaufte den Bauern die Überschüsse ab, und er füllte die Speicher.

Kurt Tucholsky

Träume

Vorgestern nacht habe ich von zwei Mädchen geträumt,
die waren furchtbar kregel und aufgeräumt.
Die eine hatte einen schwarzen Bubikopf und die andre einen
braunen,
und sie hatten einander so lieb – das war einfach zum Staunen.
Sie waren leicht gekleidet – glatt zum Erkälten –,
und sie taten einander immer Gleiches mit Gleichem
vergelten.
Ich erwachte. Was war das gewesen?
In meinem großen Ägyptischen Traumbuch ist zu lesen:
»Glückliches Familienleben.«

Gestern habe ich von lauter Umhängebärten geträumt.
Die hatten alle ein Glas, mit etwas, das schäumt.
Darauf stand: »Kochende Volksseele« – aber sie machten
Niemand naß,
und der Sturm blieb im Wasserglas.
Darauf kam ein Reichswehrgeneral mit einem Wehrpflicht-
programm;
da rissen sie alle die Knochen vor ihm zusamm.
Ich erwachte. Was war das gewesen?
In meinem Großen Ägyptischen Traumbuch steht zu lesen:
»Ihnen steht eine Republik ins Haus.«

Heute nacht habe ich von einem Mann geträumt,
der hatte sich einen Talar schwarz-weiß-rot umsäumt.
Er rollte seine kleinen Kalmückenaugen und hackte auf mir
herum –
ich stand hinter einer Schranke, und er redete laut und dumm.
Er sagte: »Sie? Sie wollen über den General Seeckt etwas
dichten?
Über diesen großen Mann hat nur die Geschichte zu richten!

Ich lasse den Saal räumen! Ruhe! Sind Sie Kommunist? Jetzt rede ich!
Ich nehme Sie in eine Ordnungsstrafe! Was denken Sie sich eigentlich –?«
Und da wollte ich meine Meinung nicht länger verstecken.
Ich sage:
»Herr«, sag ich, ………………………!«
Aber wie das so ist in der Welten Lauf –:
Grade, wenns am schönsten ist, dann wacht man auf.

H. C. Artmann

Finale Schlüssel zur Traumwelt

1

Im herzen einer grille das cello zu streichen, ist ein häufiger traum und anlaß zur hoffnung, geld zu erwerben, gesetzt daß die grille von einer wachtel verspeist wird, die wachtel aber von einem lamm, das lamm von einem wolf, und dieser wieder von einem hungernden admiral, den seine meuternde flotte an der küstenebene von Oregon ausgesetzt hat. Dann tönt das cello in den eingeweiden admiral Boyds, du erwachst und schreibst, deine eigene musik noch im ohr, die zahl *eins.*

2

Träumst du von einem hut, und dem wüchsen flügel und verbänden sich mit deinem kopf zu einer lebensgemeinschaft, und sie trügen dich, *dein ganzes körpergewicht am halse,* in das dorf der kannibalen, und man wetzte bereits das funkelnde messer vor deinen augen, und der messerhändler zählte grinsend sein geld, und die frau des koches erhöbe dessen weiße mütze wie eine schimmernde krone, um sie dir aufs haupt zu drücken, *und sie täte es,* worauf sich eine luke im dache der mütze öffnete, daraus ein schwarm wilder schwäne entflöge, so schreibe die zahl *zwei.*

3

Träumt dir, daß eine reiterin vor deinem hause hält, aus dem sattel springend die zügel nach dem aufkommenden mond wirft, sich als aller Mathilden bester engel ausgibt und zweifelnd auf das fenster in der ersten etage blickt, dahinter du eben noch an der lampe saßest, und entkleidet sie sich vor dir und verlangt eintritt in das herz deines heimes und macht sich anheischig, auch eine summe geldes dafür zu geben und du kannst nicht anders, *sonderbarer gedanke,* und weigerst dich, ihrem wunsche nachzukommen, so nimm eine pistole und schieße die zahl *drei* auf weißes papier.

4

Träumt dir, daß *in questo prato adorno ogni selvaggio nume sovente ha per costume di far lieto soggiorno,* schwebt dir ein vogel von der farbe eines welken rosenblattes vor den zögernd ausschreitenden fuß, hält er eine grünverschlossene botschaft in der linken kralle, und steht eben die sonne am adieupunkt ihres tageslaufes, *nicht fern murmelt ein kühler bach und die jäger legen sich ein stündchen aufs ohr,* dann gehe hin, versetze deinen schatten im leihhaus und notiere die numero *vier.*

5

Oder ist es ein pergamentener globus, dessen traumbild dir erscheint, und er glüht von innen wie eine weiße reisende, die zum ersten mal den vogel Tahiti schreien hört, und er geht schließlich vor all dieser inneren glut wie ein lampion, der feuer fängt, auf, und entspringt ihm im letzten augenblick, bereits mit brennenden strümpfen, die antizipierte weiße reisende, fällt dir unter küssen um den hals und es entspinnt sich dadurch eine wilde, traumhafte liebe, das plötzlich vorhandene sofa beginnt auf einem leicht gekräuselten ozean zu treiben, nichts als himmel und milch breitet sich um dich und deine überstürzte geliebte, und ein alk droht dir, während seines ständigen herunterstoßens, das rückgrat aufzutrennen, so wähle am morgen deines erwachens eine markmatte *fünf*.

6

Und siehst du eine unwahrscheinlich hohe ölsäule dem boden des landes Kanaan entspringen, eine schillernde säule, die sich in der stratosphäre *widderhörnern gleich* teilt, nicht aber herabfällt, und kommen dir in letzter sekunde ferngelenkte jeeps zu hilfe, um dich aus der gefahrenzone zu bringen, und bezahlst du mit trauben und der apparat gibt dir sauren, schlechten wein als wechselgeld heraus, und steigst du nach tagelanger fahrt in irgend einer stadt Alaskas aus dem fahrzeug, treffen dich alte, vielleicht sogar verstorbene freunde, drohen sie mit den zähnen, dann zeichne eine *sechs* in dein kissen, auf daß du sie nach deinem erwachen nicht vergissest.

7

Schrecken dich in einem traum gegen morgen porzellanene puppen mit seziermessern, und du fürchtest deine mannbarkeit zu verlieren oder, *wenn du eine frau bist,* deine clitoris, und hast du aus diesem grund den genialen gedanken, eine statue aus purem diamant zu werden und du wirst es auf der stelle, und zerbrechen den dich umwimmelnden puppen die blinkenden instrumente, du lachst eine hämische, *ja böse* lache, die die augen der puppen zu asche werden läßt, und ein gedachter Manitou erscheint aus den herrschenden wolken, seilt sich zur erde nieder und bläst die asche der augen der puppen fort, als sei's ein staub und die prärie ein blanker tisch, so verrate kein wort, stehe auf und zeichne dir eine grüne *sieben* ins merkbuch.

8

Träumt dir von dschingis-khaninnen, die dir, du bist an dein bett gebunden, herrliche pelzmützen aufsetzen wollen, und du fürchtest die grünen blicke deiner bedrängerinnen, schreist, daß alle uhren und perpendikel Asiens stillestehn, alle wolfsähnlichen tiere aus ihrem sommerschlaf erwachen und sturm heulen, daß angst über die herde Chinas kommt, feuerschlünde wie zigaretten verlöschen, krater wie augenlider zuklappen, dann gewinnst du viel auf *acht.*

9

Erscheint dir eine schlange und frißt die täubchen samt dem zylinderhut des zauberers, und bist du *so* weit, deinen namen zu vergessen, *ein zirkus wird vor dir aufgebaut, und der wind, der nicht von dieser welt ist, fährt in seine gestänge und rüttelt sie (er aber hält stand wie ein mann aus dem Westen)*, und du suchst nach visitenkarten in den brusttaschen anderer, und man ernennt dich zum clown aller clowns, so schlag einen purzelbaum, spring durch den brennenden reifen des löwen, spring weiter und weiter bis durch das öhr einer *neun.*

10

Und hast du einen traum, darin du der wärter eines dromedarengartens bist, so scheide denn die männchen von den weibchen, treibe diese nach westen und jene nach osten, und findest du während dieser trecks die wahre liebe in gestalt einer teetrinkenden, und schläfst du mit ihr und zerbrichst du ihr nach nächten die brille, und sie weint dir mit hellblauen augen was vor, und du sagst ihr *stirb vogel oder friß!* und ihr bricht das herz und das deine infolge, und man trägt euch zwischen zwei dromedaren, einem männlichen und einem weiblichen, in einer sänfte zum begräbnisplatz, so vergiß alle schwüre, vergiß alle treue, reiß dich aus dem tuch, springe davon und schrei durch alle winde der welt deine glückszahl *zehn.*

11

Nichts ist schlimmer als ein traum von verbrannten zauberern, deren asche du, mit üblem wein vermischt, trinken mußt. Spei dieses schlechte zeug aus, spei es an die wand einer waschküche, *du findest sie im hofe deines hauses,* es wird sich formen diese sauce zu einer glückbringenden *elf.*

12

Ist ein gesicht ohne leib, ein leib ohne gesicht, ein geist, ein gespenst, ein elfischer spuk, eine *zwölf.*

13

Dreizehn beine auf einmal zu besitzen ist ein einfacher traum. Erhebe dich, nimm deinen schirm, spanne ihn *dreizehn* mal auf.

Zum Geleit

Friederike Mayröcker

Schutzgeist 14
gegen böse Träume

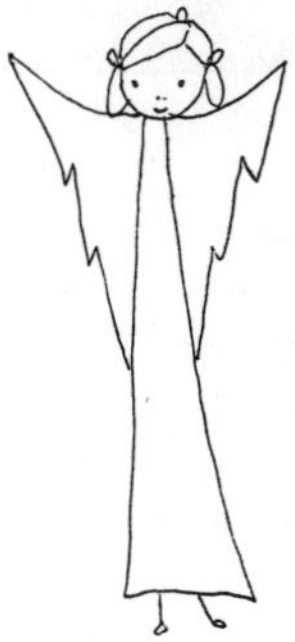

Schutzgeist 15
gegen Angst vor Dunkelheit

Quellenverzeichnis

Mit einem Sternchen versehene Überschriften wurden von den Herausgeberinnen formuliert.

Franz Kafka: *Träume sind angekommen. Zitiert nach: Hans Fronius zu Franz Kafka. Bildwerke von 1926–1988. Katalog zur Ausstellung der Landesgalerie Oberösterreich. Weitra: Bibliothek der Provinz, o. J. [1997].

Theodor W. Adorno: Zitat aus: T. W. A.: Minima Moralia. Reflexionen aus dem beschädigten Leben. Frankfurt a. M. 1970, S. 252. © 1951 Suhrkamp Verlag Frankfurt a. M.

Ingeborg Bachmann: Ein Geschäft mit Träumen. In: I. B.: Werke. Bd. 2: Erzählungen. Hrsg. von Christine Koschel, Inge von Weidenbaum, Clemens Münster. München 1993, S. 41–47. © 1978 Piper Verlag GmbH München

Alfred Kubin: *Alltag im Traumreich. In: A. K.: Die andere Seite. Ein phantastischer Roman. München 1968, S. 57–62.

Ludwig Anzengruber: *Bericht über das Teufelsblech. In: L. A.: Sämtliche Werke. Bd. 14: Märchen und Träume, Skizzen und Erzählungen. Hrsg. von Rudolf Latzke. Wien 1921, S. 12–21.

Christine Lavant: Der Wind bläst in das Mondeshorn. In: C. L.: Die Bettlerschale. Gedichte. Salzburg 1956, S. 65. © Otto Müller Verlag Salzburg 1991, 6. Auflage

Hans Arp: Weltwunder. In: H. A.: Gesammelte Gedichte. Gedichte 1903–1939. Zürich 1963, S. 48 f. © 1963 Arche Verlag Zürich

Friedrich Hebbel: Zitat aus: F. H.: Werke. Bd. 4. Hrsg. von Gerhard Fricke, Werner Keller, Karl Pörnbacher. München 1966, S. 331.

Georg Christoph Lichtenberg: Aphorismen. In: G. C. L.: Tag und Dämmerung. Aphorismen, Schriften, Briefe, Tagebücher. Hrsg. von Ernst Vincent. Leipzig 1942, S. 262 f.

Kurt Schwitters: La Rêve. In: K. S.: Das literarische Werk. Gesamtausgabe. Bd. 1: Lyrik. Hrsg. von Friedhelm Lach. Köln 1998, S. 124. © 1973 DuMont Literatur und Kunst Verlag Köln

Rainer Maria Rilke: Ich bin zu Hause zwischen Tag und Traum. In: R. M. R.: Sämtliche Werke. Werkausgabe. Bd. 1. Frankfurt a. M. 1975, S. 151.

Wolfgang Hildesheimer: *Ich werde heute nacht in der Gitarre schlafen. In: Schläferung. In: W. H.: Gesammelte Werke in sieben Bänden. Bd. 1: Erzählende Prosa. Hrsg. von Christiaan Lucas Hart Nibbrig, Volker Jehle. Frankfurt a. M. 1991, S. 152 f. © 1991 Suhrkamp Verlag Frankfurt a. M.

E. T. A. Hoffmann: *Veronika in der Hexenküche. In: Der goldene Topf. In: E. T. A. H.: Sämtliche Werke in sechs Bänden. Bd. 2/1: Fantasiestücke in Callot's Manier. Werke 1814. Hrsg. von Hartmut Steinecke unter Mitarbeit von Gerhard Allroggen und Wulf Segebrecht. Frankfurt a. M. 1993, S. 280–282.

Theodor Fontane: *Ein Geist am Bett? In: T. F.: Effi Briest. Roman. Nachw. von Kurt Wölfel. Stuttgart 1969, S. 81–83.

Gustav Meyrink: Das Fieber. In: G. M.: Des deutschen Spießers Wunderhorn. Gesammelte Novellen. München/Wien 1982, S. 254–260.

Egon Friedell: Zitat aus: E. F.: Kultur ist Reichtum an Problemen. Hrsg. von Heribert Illig. Zürich 1989, S. 40 f. © Brunhilde Kotab

*Jakob der Träumer. 1. Mose 28.10–12. In: Die Bibel. Die ganze Heilige Schrift des Alten und Neuen Testaments. Nach der deutschen Übersetzung Martin Luthers. Mit den Kupferstichen von Matthaeus Merian. Köln 1996, S. 34.

Rainer Maria Rilke: Der Träumer. In: R. M. R.: Sämtliche Werke. Werkausgabe. Bd. 1. Frankfurt a. M. 1975, S. 36 f.

Klabund: Die Liebe ein Traum. In: K.: Gesammelte Gedichte. Lyrik, Balladen, Chansons. Wien 1930, S. 57.

Heinrich Heine: Ich hab' im Traum' geweinet. In: H. H.: Historisch-kritische Gesamtausgabe der Werke. Hrsg. von Manfred Windfuhr. Bd. I/1: Buch der Lieder. Text. Bearbeitet von Pierre Grappin. Hamburg 1975, S. 189.

Georg Christoph Lichtenberg: Traum eines Naturforschers. In: G. C. L.: Tag und Dämmerung. Aphorismen, Schriften, Briefe, Tagebücher. Hrsg. von Ernst Vincent. Leipzig 1942, S. 460–464.

Gert Jonke: *Telamonen träumen nicht. In: G. J.: Erwachen zum großen Schlafkrieg. Erzählung. Salzburg/Wien 2001. © 2001 Jung und Jung Verlag Salzburg

Karl Valentin: Mir hat geträumt. In: Gesammelte Weke in einem Band. München 1988. © 1985 Piper Verlag GmbH München

Friedrich Hebbel: *Über Nacht träumte mir ... In: F. H.: Tagebücher in vier Bänden. Bd. 1: 1835–1839. Hrsg. von Hermann Krumm. Leipzig o. J., S. 140 f., 158, 173, 259.

Peter Altenberg: Zitat aus: P. A.: Diogenes in Wien. Aphorismen, Skizzen und Geschichten. Bd. 1. Hrsg. von Dietrich Simon. Berlin 1979, S. 134.

Gerhart Hauptmann: Zitat aus: G. H.: Sämtliche Werke. Bd. 4: Erzählungen, Theoretische Prosa. Hrsg. von Hans-Egon Hass, fortgef. von Martin Machatzke, Wolfgang Bungies. Frankfurt a. M./Berlin 1963, S. 1008.

Jürg Amann: Traum. In: J. A.: Ikarus. Roman. Zürich/Hamburg 1998, S. 21–24. © 1998 Arche Verlag Zürich

Franz Kafka: *Der große Schwimmer. In: F. K.: Nachgelassene Schriften und Fragmente II. Hrsg. von Jost Schillemeit. Frankfurt a. M. 1992, S. 254–257.

Novalis: *Nächtliche Phantasien. In: N.: Heinrich von Ofterdingen. Hrsg. von Wolfgang Frühwald. Stuttgart 1987, S. 9–12.

Friedrich Schlegel: *Der Liebe träumend. In: F. S.: Lucinde. Ein Roman. Hrsg. von Karl Konrad Polheim. Stuttgar 1964, S. 108 f.

Arthur Schnitzler: Frühlingsnacht im Seziersaal. In: A. S.: Gesammelte Werke. Entworfenes und Verworfenes. Aus dem Nachlaß. Hrsg. von Reinhard Urbach. Frankfurt a. M. 1977, S. 7–11.

Else Lasker-Schüler: Ich träume so leise von dir. In: E. L.-S.: Gesammelte Werke. Bd. 1: Die Gedichte 1902–1943. Hrsg. von Friedhelm Kemp. Frankfurt a. M. 1997, S. 240. © 1959 Suhrkamp Verlag Frankfurt a. M.

Annette von Droste-Hülshoff: Der Traum. In: A. v. D.-H.: Sämtliche Werke in zwei Bänden. Bd. 1: Gedichte. Hrsg. von Bodo Plachta, Winfried Woesler. München 1994, S. 120–122.

Gertrud Kolmar: Die gelbe Schlange. In: G. K.: Gedichte. Frankfurt a. M. 1983. © 1983 Suhrkamp Verlag Frankfurt a. M.

Wilhelm Müller: Frühlingstraum. In: W. M./Franz Schubert: Die schöne Müllerin, Die Winterreise. Textausgabe. Nachw. von Rolf Vollmann. Stuttgart 2001, S. 49.

Joseph von Eichendorff: Winternacht. In: J. v. E.: Gedichte. Eine Auswahl. Nachw. von Konrad Nußbächer. Stuttgart 1957 [u. ö.], S. 136 f.

Rose Ausländer: Glück II (Der Traum vom Glück/...). In: R. A.: Ich höre das Herz des Oleanders. Gedichte 1977–1979. Frankfurt a. M. 1984, S. 196. © 1984 S. Fischer Verlag GmbH Frankfurt a. M.

Friedrich Hebbel: Zitat aus: F. H.: Werke. Bd. 4. Hrsg. von Gerhard Fricke, Werner Keller, Karl Pörnbacher. München 1966, S. 230.

Gottfried Keller: *Wir träumen und wir säumen. In: G. K.: Ausgewählte Werke in sieben Bänden. Bd. 3: Der grüne Heinrich. Roman. Zweite Fassung. München [o. J.], S. 482–486.

Georg Trakl: Sebastian im Traum. In: G. T.: Dichtungen und Briefe. Historisch-kritische Ausgabe. Bd. 1: Gedichte u. a. Hrsg. von Walther Killy, Hans Szklenar. Salzburg ^{2}1987, S. 88–90.

Adelbert von Chamisso: Das Schloß Boncourt. In: A. C.: Sämtliche Werke in zwei Bänden. Bd. 1: Gedichte, Dramatisches. Hrsg. von Werner Feudel und Christel Laufer. München 1982, S. 57f.

Hermann Hesse: *Wieder auf der Schulbank. In: Traumtheater. In: H. H.: Traumgeschenk. Betrachtungen, Tagebücher, Erzählungen und Gedichte über das Träumen. Hrsg. von Volker Michels. Frankfurt a. M. 1996, S. 11 f. © 1996 Suhrkamp Verlag Frankfurt a. M.

Ingeborg Bachmann: *Ein Vatertraum. In: I. B.: Malina. Frankfurt a. M. 1991, S. 189–192. © 1991 Suhrkamp Verlag Frankfurt a. M.

Jean Paul: Zitat aus: J. P.: Ideen-Gewimmel. Texte und Aufzeichnungen aus dem unveröffentlichten Nachlaß. Hrsg. von Thomas Wirtz, Kurt Wölfel. Frankfurt a. M. 1996, S. 107.

Georg Büchner: Zitat aus: Leonce und Lena. In: G. B.: Sämtliche Werke, Briefe und Dokumente in zwei Bänden. Bd. 1: Dichtungen. Hrsg. von Henri Poschmann unter Mitarbeit von Rosemarie Poschmann. Frankfurt a. M. 1992, S. 118.

Nikolaus Lenau: Traumgewalten. In: N. L.: Werke und Briefe. Bd. 2: Neuere Gedichte und lyrische Nachlese. Hrsg. von Antal Mádl. Wien 1995, S. 107.

Hugo von Hofmannsthal: Der Geiger vom Traunsee. In: H. v. H.: Erzählungen. Stuttgart, 2000, S. 9–15.

Günter Eich: Der zweite Traum. In: G. E.: Gesammelte Werke. Bd. 2: Die Hörspiele 1. Frankfurt a. M. 1993, S. 297–301. © 1973 Suhrkamp Verlag Frankfurt a. M.

Richard Dehmel: Böser Traum. In: R. D.: Gesammelte Werke in zehn Bänden. Bd. 3. Berlin ^{3}1907, S. 102 f.

Paula Ludwig: Die Wahl. In: P. L.: Träume. Aufzeichnungen aus den Jahren zwischen 1920 und 1960. Ebenhausen bei München 1962, S. 17. © 1962 Verlag Langewiesche Brandt Ebenhausen

Günter de Bruyn: Brausebad. In: G. d. B.: Babylon. Erzählungen.

Frankfurt a. M. 1986, S. 86. © 1986 Fischer Taschenbuch Verlag in der S. Fischer Verlag GmbH Frankfurt a. M.

Christian Morgenstern: Der Traum der Magd. In: Galgenlieder, Palmström und andere Grotesken. In: C. M.: Werke in vier Bänden. Hrsg. von Clemens Heselhaus. Bd. 1. München/Zürich 1982, S. 84.

Gottfried Benn: Acheron. In: G. B.: Sämtliche Werke. Band 1: Gedichte. Stuttgart 1986, S. 228. © 1998 Klett-Cotta Stuttgart

Wolfgang Borchert: Radi. In: W.B.: Das Gesamtwerk. Reinbek 1977, S. 187–191. © 1949 by Rowohlt Verlag GmbH Hamburg

Eckhard Henscheid: *Traumkapriolen. In: E. H.: Über Manches. Ein Lesebuch. Hrsg. von Gerd Haffmans. Zürich 1996, S. 323, 324 f., 327. © beim Autor

Johannes Mario Simmel: *Wir sind von solchem Stoff, wie Träume sind. In: J. M. S.: Der Stoff aus dem die Träume sind. Roman. München/Zürich 1971, S. 710–712. © 1979 Droemersche Verlagsanstalt Th. Knaur Nachf. GmbH & Co. KG München

Franz Kafka: Ein Traum. In: F. K.: Erzählungen. Hrsg. von Max Brod. Frankfurt a. M. 1986, S. 137 f.

Jean Paul: Rede des toten Christus vom Weltgebäude herab, daß kein Gott sei. In: J. P.: Blumen-, Frucht- und Dornenstücke oder Ehestand, Tod und Hochzeit des Armenadvokaten F. St. Siebenkäs. Nachw. von Walter Höllerer. München/Zürich 1986, S. 271–275.

Nikephoros: Spruch Nr. 180. In: Traumbuch des Nikephoros. In: Die Volks-Traumbücher des byzantinischen Mittelalters. Hrsg. von Karl Brackertz. München 1993, S. 43.

Elias Canetti: Zitat aus: E. C.: Gesammelte Werke in 8 Bänden. Bd. 4: Aufzeichnungen 1942–1985. München 1993, S. 80. © 1993 Carl Hanser Verlag München–Wien

Clemens Brentano: *Der Rosentraum. In: Das Märchen vom Rosenblättchen. In: C. B.: Werke. Bd. 3: Märchen. Hrsg. von Friedrich Kemp. München 1965, S. 338 f.

Heinrich von Kleist: *Erste Begegnung. In: Käthchen von Heilbronn. In: H. v. K.: Sämtliche Werke und Briefe in vier Bänden. Bd. 2: Dramen 1808–1811. Hrsg. von Ilse-Marie Barth, Hinrich C. Seeba unter Mitwirkung von Hans Rudolf Barth. Frankfurt a. M. 1987, S. 407 bis 410.

Johann Nestroy: *Die geträumte Losnummer. In: Der böse Geist Lumpacivagabundus oder Das liederliche Kleeblatt. In: J. N.: Sämtliche Werke. Hrsg. von Jürgen Hein, Johann Hüttner, Walter Obermaier,

W. Edgar Yates. Stücke 5: Der Feenball oder Tischler, Schneider und Schlosser u. a. Hrsg. von Friedrich Walla. Wien 1993, S. 150 f.

Antonio Tabucchi: Der Traum des Doktor Sigmund Freud, der die Träume anderer deutete. In: A. T.: Träume von Träumen. Erzählungen. Aus dem Italienischen von Karin Fleischanderl. München 2000, S. 76–78. © 1998 Carl Hanser Verlag München-Wien

*Joseph der Traumdeuter. 1. Mose 40,1–23. In: Die Bibel. Die ganze Heilige Schrift des Alten und Neuen Testaments. Nach der deutschen Übersetzung Martin Luthers. Mit den Kupferstichen von Matthaeus Merian. Köln 1996, S. 47 f.

Michael Köhlmeier: *Josefs traumdeuterische Glanzleistung. In: Josef in Ägypten. In: M. K.: Geschichten von der Bibel. München/Zürich 2000, S. 244–246. © 2000 Piper Verlag GmbH München

Kurt Tucholsky: Träume. In K. T.: Gesamtausgabe. Texte und Briefe. Hrsg. von Antje Bonitz, Dirk Grathoff, Michael Hepp, Gerhard Kraiker. Bd. 7: Texte 1925. Hrsg. von Bärbel Boldt, Andrea Spingler. Reinbek 2002, S. 63 f. © 1960 by Rowohlt Verlag GmbH Reinbek bei Hamburg

H. C. Artmann: *Finale Schlüssel zur Traumwelt. In: H. C. A.: Grünverschlossene Botschaft. 90 Träume. Illustrationen von Ernst Fuchs. Salzburg 1967, unpag. (Traum 1–13). © 1967 Residenz Verlag Salzburg